楊照

中國傳統經典選讀 ⑤

墨子

庶民社會的主張

目次

中國傳統經典選讀總序……1
第一章　特立獨行的思想家……17
墨子年代考……18
來自庶民社會……26
亂源就是封建……35
反覆論述的獨特風格……40

雄辯時代的先驅者……48

第二章 兼愛真的很簡單……57

只在一念之間……58
古史大爆發……63
你會信賴誰……70
堯舜禹湯皆證人……76

第三章　挑戰周文化……91
義與不義之亂……92
墨式辯術……97
節省才能用更多……103
實踐出來的顯學……103
附錄　《墨子》選摘……113

中國傳統經典選讀總序

楊照

一

二〇〇七年到二〇一一年，我在「敏隆講堂」連續開設了五年、十三期、一百三十講的「重新認識中國歷史」課程。那是個通史課程，將中國歷史從新石器時代到辛亥革命做了一次整理，其基本精神主要是介紹過去一百多年來在中國歷史研究上的許多重大、新鮮發現與解釋，讓中國歷史不要一直停留在「新史學革命」之前的傳統說法上，所以叫做「重新認識中國歷史」。

這套「中國傳統經典選讀」的內容，最先是以接續「重新認識中國歷史」的課程形式存在，因而在基本取徑上，仍然是歷史的、史學的，等於是換另一種不同的方式，重講一次中國歷史。

「重新認識中國歷史」由我從上下數千年的浩瀚內容中，依照我的判斷，選出重要的、值得介紹、討論的面向，來呈現中國歷史。「中國傳統經典選讀」則轉而希望降低個人主觀的選擇判斷成分，讓學員能夠從原典來認識、了解中國歷史。

從原典認識、了解中國歷史，牽涉到一項極其難得的幸運條件。兩千多年前的中國文字，兩千多年之後，我們一般人竟然都能不用透過翻譯直接閱讀，光靠直覺就能掌握其訊息大概，再多費點工夫多些解釋，還可以還原大部分的本意。中國古文字和我們今天日常使用的這套文字，有著明顯、強烈的延續性，現代通用的大部分文字，其起源可以直接追溯到《詩經》、《尚書》，少部分甚至還能再上推到甲骨、金文。儘管文法有相當差距，儘管字義不完全相同，但古文字和現代文字在運用上，有著容易對照的規律可循。

這是人類文明的奇特狀態。世界歷史上實在找不到另一個例子，從西元前三千年到現在，同一套文字、同一套符號與意義結合的系統，五千年沒有斷裂消失，因而可以直接挪用今天的文字習慣，來接近幾千年前的文獻。

高度延續性的文字傳統，在相當程度上決定了中國文明的基本面貌，也讓中國社會付出了相對的代價，才造就了現實中我們每個人身上極為難得的能力。我們沒有理由不去認知、善用如此特殊的能力吧！

二

閱讀原典的第一個理由是：中國歷史有其原初的材料，透過這些材料的累積、解釋、選擇，才形成了種種對於歷史的敘述說法。對於中國歷史有興趣的人，聽過了別人給的歷史敘述說法後，應該會想要回到原初材料，一方面看看歷史學者如何利用材料炒出菜餚的過程，一方面也自己去覆按檢驗歷史敘述的對錯好壞吧！

我們讀過課本介紹《詩經》是一本什麼樣的書，也聽過許多從《詩經》中擷取材料來重建西周社會面貌的說法，在這樣的基礎上去讀《詩經》，或許你會發現《詩經》的內容和你原本想像的不太一樣；也可以覆按你原先對西周的認識和《詩經》所顯現的，是不是同一回事。不管是哪種經驗，應該都能帶來很大的閱讀樂趣吧！

閱讀原典的第二個理由是：這些產生於不同時空環境下的文獻，記錄的畢竟都是人的經驗與感受，我們今天也就必然能夠站在人的立場上，與其經驗、感受彼此呼應或對照。也就是，我們能夠從中間讀到相似的經驗、感受，隔著時空會心點頭；也能夠從中間讀到相異的經驗、感受，進而擴張了我們的人生體會。

源於一份史學訓練帶來的習慣與偏見，必須承認，我毋寧比較傾向於從原典中獲取其與今日現實相異的刺激。歷史應該讓我們看到人類經驗的多樣性，看到人類生活的全幅可能性，進而挑戰質疑我們視之為理所當然的種種現實狀況。這是歷史與其他學問最根本的不同作用，也是史學存在、無可取代的核心價值。

三

前面提到，擁有延續數千年的文字，讓中國社會付出了相對的代價，其中一項代價，就是影響了中國傳統看待歷史的態度。沒有斷裂、一脈相承的文字，使得中國人和前人、古人極為親近、關係密切。歷史因而在中國從來都不是一門研究過去發生什麼事的獨立學問，歷史和現實之間沒有明顯的界線，形成無法切割的連續體。

理解歷史是為了要在現實上使用，於是就讓後來的觀念想法，不斷持續滲透進中國人對於歷史的敘述中。說得嚴重一點，中國的傳統態度，是一直以現實考量、針對現實所需來改寫歷史。後世不同的現實考量，一層層疊在歷史上，尤其是疊在傳統經典的解釋上。因而我們不得不做的努力，是想辦法將這些後來疊上去的解釋，倒過來一層一層撥開，看看能不能露出相對比較純粹些的原始訊息。如此我們才有把握說，從《詩經》中，我們了解了兩千年前、兩千五百年前中國的某種社會或心理狀況；或是盡量放在周初的政治結構下來呈現《尚書》所表達的周人封建設計，而不至於錯置了秦漢以下的皇帝制價值，來扭曲《尚書》的原意。

意思是，我不會提供「傳統」的讀法，照搬傳統上對於這些文本的解釋。許多傳統上視之為理所當然的說法，特別需要被仔細檢驗，看看那究竟是源自經典原文的意思，還是後來不同時代，因應其不同現實需求，所給予的「有用」卻失真的解讀。

將經典文本放回其產生的歷史時代背景，而非以一種忽略時代的普遍角度，來讀這些傳統經典，是關鍵的前提。也是「歷史式讀法」的操作型定義。

在「歷史式讀法」的基礎上，接著才會有「文學式讀法」。先確認了這些經典不是為我們而寫的，它們產生於很不一樣的時代，是由跟我們過很不一樣生活的先人們所記錄下來的，於是我們就能排除傲慢、自我中心的態度，培養並動用我們的同理心，想像進入他們那樣異質的生活世界中，去接近他們的心靈遺產。

在過程中我們得以拓展自己的感性與知性能力，不只了解了原本無法了解的異質情境；更重要的，還感受了原本從來不曉得自己身體裡會有、可以有的豐富感受。我們的現實生活不可能提供的經驗，只存在於古遠時空中的經驗，藉文字跨越了時空，對我們說話，給我們新鮮、強烈的刺激。

正因為承認了經典產生於很不一樣的時空環境，當我們對經典內容產生感應、感動時，我們有把握，那不是來自於用現實的考量，斷章取義去 appropriate（套用）經典，而是這裡面真的有一份普遍的人間條件貫串著、連結著，帶領我們對於人性與人情有更廣大又更精細的認識。

四

「選讀」的做法，是找出重要的傳統經典，從中間擷取部分段落，進行仔細解讀，同時以這些段落為例，試圖呈現一部經典的基本面貌，並說明文本與其產生時代之間的關係。

傳留下來的中國經典規模龐大，要將每一本全文讀完，幾乎是不可能的。因而我選擇的策略，是一方面從原典中選出一部分現代讀者比較容易有共感的內容，另一方面則選出一部分可以傳遞出高度異質訊息的，讓大家獲得一種跨越時空的新鮮、奇特刺激。前者帶來的效果應該是：「啊，他說得太有道理了！」後者期待在大家心中產生的反應則是：「哇，竟然有人會這樣想！」

解讀的過程中，會設定幾個基本問題。在什麼樣的時代、什麼樣的環境中，產生了這樣的作品？當時的讀者如何閱讀、接受這部作品？為什麼承載如此內容的作品會成為經典，長期傳留下來，沒有被淘汰消失？這樣一部作品，曾經發揮了什麼影響作用，以至於使得後來的其他什麼樣的典籍、或什麼樣的事件、思想成為可能？前面的經典和後面的經典，彼此之間有著怎樣的關係？

這幾個問題，多少也就決定了應該找什麼樣的經典來讀的標準。第一條標準，是盡量選擇具有原創性、開創性的作品。在重視、強調歷史、先例的文化價值下，許多中國著作書籍，是衍生性的。《四庫全書》所收錄的三千五百多種書籍，其中光是解釋《論語》的，就超過一百種。不能說這些書裡沒有重要的、有趣的內容，然而畢竟它們都是依附《論語》這部書而來的衍生產物。因而我們就知道，優先該選、該讀的，不會是這裡面任何一本解釋《論語》的書，而是《論語》。《論語》當然比衍生解釋《論語》的書，具備更高的原創性、開創性。

這條標準下，會有例外。王弼注《老子》，郭象注《莊子》，大量援引了佛教觀念來擴張原典說法，進而改變了魏晉以下中國人對「老莊」的基本認識，所以雖然在形式上是衍生的，實質卻藏著高度開創性影響，因而也就應該被選進來認真閱讀。

第二條標準，選出來的文本，還是應該要讓現代中文讀者讀得下去。有些書在談論中國歷史時不能不提，像是《本草綱目》，那是中國植物學和藥理學的重鎮，但今天的讀者面對《本草綱目》，還真不知怎麼讀下去。

還有，一般中國文學史講到韻文文體演變時，固定的說法是「漢賦、唐詩、宋詞、元曲」，唐詩、宋詞、元曲當然該讀，但漢賦怎麼讀？在中國文字的擴張發展史上，漢賦扮演了重要的角色。漢朝的人開始意識到外在世界與文字之間的不等對應關係，很多事物現象找不到相應的字詞來予以記錄、傳達，於是產生了巨大的衝動，要盡量擴充字詞的範圍，想辦法讓字詞的記錄能力趕上複雜的外界繁亂光景。然而也因為那樣，漢賦帶有強烈的「辭書」性格，盡量用上最多最複雜的字，來炫耀表現寫賦的人如此博學。

漢賦其實是發明新文字的工具，儘管表面上看起來好像是文章，有其要描述、傳達的內容。多用字、多用奇字僻字是漢賦的真實目的，至於字所形容描述的，不管是莊園或都會景觀，反而是其次手段。描述一座園林，不是為了傳遞園林景觀，也不是為了藉園林景觀表現什麼樣的人類情感，而是在過程中，將園林裡的事物一一命名。漢賦中有很多名詞，一一指認眼前的東西，給他一個名字；也有很多形容詞，發明新的詞彙來分辨不同的色彩、形體、光澤、聲響……等等；相對的，動詞就沒那麼多。漢賦很重要，絕對值得介紹、值得認識，卻很難讀，讀了極端無趣。真要讀漢賦，我們就只能一個字一個字認、一個字一個字解釋，很難有閱讀上的收穫，比較像是在準備中小學生的國語文競賽。

還有第三條標準，那是不得已的私人標準。我只能選我自己有把握讀得懂的傳統經典。例如說《易經》，它是一本極其重要的書，卻不在我的選擇範圍內。儘管歷史上古往今來有那麼多關於《易經》的解釋，儘管到現在都還一直有新出的《易經》現代詮釋，然而，我始終進入不了那樣一個思想世界。我無法被那樣的術數模式說服，也無從分判究竟什麼是《易經》原文所規範、承載的意義，什麼是後世附麗增飾的。遵循歷史式的閱讀原則，我沒有能力也沒有資格談《易經》。

五

選讀，不只是選書讀，而且從書中選段落來讀。傳統經典篇幅長短差異甚大，文本的難易差異也甚大，所以必須衡量這兩種性質，來決定選讀的內容。

一般來說，我將書中原有的篇章順序，當作內容的一部分；也將書中篇章完整性，當作內容的一部分。這意味著，除非有理由相信書中順序並無意義，或為了凸顯某種特別的對照意義，我盡量不打破原書的先後順序，並且盡量選擇完整的篇章來閱讀，不加以裁剪。

從課堂到成書，受限於時間與篇幅，選出來詳細解讀的，可能只占原書的一小部分，不過我希望能夠在閱讀中摸索整理出一些趨近這本原典的路徑，讓讀者在閱讀中逐漸進入、熟悉，培養出一種與原典親近的感受，做為將來進一步自行閱讀其他部分的根柢。打好這樣的根柢，排除掉原先對經典抱持的距離感，是閱讀、領略全書最重要的開端。

第一章　特立獨行的思想家

墨子年代考

《韓非子．顯學》開篇第一句話：「**世之顯學，儒、墨是也。儒之所至，孔丘也；墨之所至，墨翟也。**」韓非所處的時代是戰國末年，西元前第三世紀中葉，距離孔子去世已經超過兩百年了，儒家和墨家仍然被視為兩大「顯學」。

然而，再過了一百多年，到了漢朝，司馬遷在《史記》中，特別提高孔子的地位，撰寫〈孔子世家〉來記錄孔子的生平和言論，另外有一卷〈仲尼弟子列傳〉，以及一卷〈孟子荀卿列傳〉。相對地，司馬遷並沒有為墨子單獨立傳，整本《史記》只有在〈孟子荀卿列傳〉後面附了一句話：「**蓋墨翟，宋之大夫，善守禦，為節用。或曰並孔子時，或曰在其後。……**」總共二十四個字，如此而已。

曾經和儒家並列為顯學超過百年的墨家，到了《史記》裡，卻幾乎不存在了！而且是為了要說明孟子強烈反對「楊」[1]、「墨」的主張，才得以有這麼一小段補充說明。司馬遷的父親司馬談[2]還曾經研究過諸子學，留下綜論諸子思想的〈論六家要旨〉，卻連司馬遷都對墨子興趣缺缺。從韓非的時代到司馬遷的時代，孔子的地位和墨子的地位，明顯有了一上一下的戲劇性變化。

1 「楊」指的是楊朱。
2 司馬談於漢武帝建元元年至元封元年擔任「太史」，司馬遷於元封四年繼任。

墨子地位急遽下降，影響所及，關於他的各種訊息資料也就被忽略了。極有可能，司馬遷不曾讀過《墨子》，連墨子的年代他都沒有確切的把握，只能說有人主張墨子和孔子是同時代的人，也有人認為墨子晚於孔子。到了漢朝之後，墨子及墨家長期被置於中國思想的邊緣地帶，關於墨子生平的史料也就愈發渙散支離了。

我們今天只能利用《墨子》書中的內容，儘量還原墨子的時代背景。〈公輸〉篇說：「**公輸盤為楚造雲梯之械，成，將以攻宋。子墨子聞之，起於齊，行十日十夜，而至於郢，見公輸盤。……**」公輸盤又叫公輸般，魯國人，所以也有人主張他就是「魯班」。公輸盤是個手藝精巧的工匠，為楚國造了可以用來攻城的「雲梯」，這就是我們今天消防「雲梯」的名稱由來。「雲梯」，顧名思義，形容梯之高，簡直能夠直登雲霄。利用「雲梯」，軍隊可以很容易地攀上城牆，攻入別人的城裡。「雲梯」造成之後，楚國就要拿它去攻打宋國，墨子聽到了這個消息，連忙從齊國趕往楚國，費了十天十夜，抵達楚國國都「郢」，見到了公輸盤。

墨子先用道理說服了公輸盤，讓公輸盤同意不應該攻打宋國。然而公輸盤沒有辦法阻止楚國出兵，於是墨子又去謁見楚王，告訴楚王攻打宋國「必傷義而不得」，既不符合正義道理，而且也打不贏。楚王回應：「你說得很好，但是公輸盤已經幫我造好雲梯了，一定可以把宋拿下來。」

「於是見公輸盤。子墨子解帶為城，以牒為械，公輸盤九設攻城之機變，子墨子九距之。公輸盤之攻械盡，子墨子之守圉有餘。……」於是墨子在楚王面前再會公輸盤，解下衣帶代表城牆，用筷子代表攻城的雲梯，公輸盤反覆多次用雲梯進攻，都被墨子擋了下來，直到公輸盤使用雲梯的戰術變化已經窮盡了，墨子的防禦手段還沒用完。

「**公輸盤詘，而曰：『吾知所以距子矣，吾不言。』子墨子亦曰：『吾知子之所以距我，吾不言。』楚王問其故，子墨子曰：『公輸子之意，不過欲殺臣。殺臣，宋莫能守，可攻也。然臣之弟子禽滑釐等三百人，已持臣守圉之器，在宋城上而待楚寇矣。雖殺臣，不能絕也。』楚王曰：『善哉，吾請無攻宋矣。』**」

公輸盤不得不屈服了，然而他補了一句話說：「我知道有什麼辦法對付你，只是我現在不講。」墨子也回應他：「我知道你要用什麼辦法對付我，但我現在也不講。」這兩個人都不講，一旁的楚王可急了，他問這到底是怎麼回事？墨子才解釋：「公輸先生想的，其實不是什麼了不起的辦法，不過就是把我殺了，以為這樣宋就無法抵抗楚的進攻了。然而我的弟子禽滑釐等三百多人，已經帶著我設計的防禦器械，在宋城牆上等待楚去侵犯了。即使殺了我，也無法瓦解宋的防禦能力。」聽到這裡，楚王也認輸了：「真厲害啊，我決定不攻打宋了。」

這是個精彩的好故事，《戰國策》、《呂氏春秋》和《說苑》都將它收錄在內。同時，這個故事還提供了我們判定墨子生卒年代的重要線索。公輸盤曾經出現在其他東周時期文獻裡，蒐集這些史料，我們可以先考訂公輸盤大致的年代，再用公輸盤的年代來推斷墨子的年代。

另外一條線索是〈魯問篇〉裡的一段記錄「墨子見齊大王」。「齊大王」是齊太公田和，田和以世卿身分篡奪齊國，這是東周時期的大事，有很多相關記載，可以提供更明確的年代資料讓我們參考。

靠著這些材料，經過反覆考索，墨子應該是生於西元前四百八十年左右，在西元前四百年左右去世。也就是說，他比孔子稍晚，大約誕生於孔子去世的時候。

來自庶民社會

關於墨子究竟姓什麼名什麼，也不是很清楚，歷來有許多不同說法。比對史料，看起來較可信的，是他姓墨名翟。但「墨」字也有可能是他的稱號，來自於他曾經受過「墨刑」，臉上留有因獲罪而刺青的永久痕跡。會受到「墨刑」懲罰的人，當然不太可能是貴族階層，作為下層平民，他們本來就沒有固定的「姓」、「氏」，於是被冠以「墨」字作為稱號，甚至進而以「墨」為姓。

《史記》說墨翟是「宋之大夫」，但在東周的文獻中，我們找不到任何證據顯示墨翟具備大夫的貴族身分，也無法確認他是宋國人。前面所引的《墨子》書中內容，雖然說墨子特別跑到楚去阻止楚軍伐宋，然而「兼愛」、「非攻」是墨子的核心主張，他鼓吹大家將別人的家視為自己家，將別國視為自己的國，而且精研防禦之術，這是他落實「非攻」理想的手段。考慮到這些背景，我們實在無法只憑這條記錄就認定他是宋國人。

春秋時期開始出現人民遷徙流動的現象，到了戰國時期更為普遍。戰國時期各國之間的競爭焦點之一，就是爭取、甚至搶奪人民。沒有足夠的人民，就無法擁有足夠的生產勞動力，也無法充實上戰場的兵力。封建秩序對於貴族的牽制、規範力量，原本就大於平民，在封建秩序動搖瓦解過程中，平民也就比貴族更早脫離了舊有的社會紐帶。

春秋時，顯然已經出現了國籍和身分不斷變動的下民。卿士大夫有封地有官職，所以有明確的國籍，可是光是孔子及其弟子，就有很多出身在此國，卻到彼國任職服務的例子。不具備貴族身分的下民，在動亂中從這國遷到那國，他們沒有太多身分牽絆，也沒有必要一定得保留、主張原本的國籍。

從史料中無法確認墨子的出身所屬，這正好符合他非貴族的背景。

他應該是春秋戰國之際社會階級流動的例證，沒有傳統的貴族身分，卻在動亂中學得了知識與技能，藉由這些知識技能往上流動，穿梭遊走在各國的統治階層貴族之間。他到過魯、宋、齊、楚、衛等諸國，然而沒有任何一國可以確證是他的出生地。

《左傳．魯莊公十年》中有曹劌的故事：「**曹劌請見。其鄉人曰：『肉食者謀之，又何間焉？』劌曰：『肉食者鄙，未能遠謀。……』**」為了準備和齊人打仗的事，曹劌請見魯莊公。曹劌是個什麼樣的人？後面這兩句話為我們解釋了。他同鄉裡的人勸他不要去，理由是：「打仗是有地位的人的事，你去跟人家攪和什麼？」「肉食者」在當時原本並沒有輕蔑、貶抑的意思，而是用來指稱大夫以上，有身分有地位，可以不用到七老八十就有資格吃肉的貴族。從這句話我們了解，曹劌甚至連大夫都不是，頂多是個「士」，地位很低，鄉人才會用這種話諷刺他，說你哪有那樣的地位去管這種大事啊！

曹劌沒地位，卻有自信。所以他說：「那些高高在上的人，眼光短淺，看近不看遠，能幹什麼用！」是經他這麼一說，再被《左傳》記載下來，「肉食者鄙」才在後來變為成語，我們今天才會看到「肉食者」就覺得是有貶意的。

曹劌沒有大夫的地位，卻如此看不起大夫，這並不是原來封建秩序的規矩。此外，他連大夫的地位都沒有，卻主動去求見國君，而國君竟然也接見了，這也是破壞封建秩序的醒目現象。我們在這裡看到了春秋時期突破階級壁壘，以能力取才的新傾向。

墨子比曹劌更進一步，他的遊說服務對象不限於單一國家，而是到處走到處去。墨子像孔子一樣周遊列國，但是他周遊列國的目的、立場，卻和孔子恰恰相反。孔子想要幫助各國國君回復封建禮儀秩序，墨子卻主張各國國君應該揚棄封建傳統，改採新信仰、新做法。

亂源就是封建

墨子對於封建體制明顯抱持著批判、敵視的態度。他和孔子面對同樣的時代困局，兩個人提出的因應之道，卻截然不同。孔子崇尚西周盛世，致力於挖掘周文化的底蘊精神，期待藉由回復那樣的人文價值精神，來挽救時局。墨子卻從來不屬於封建貴族階層，他不曾切身浸淫於孔子念茲在茲的西周文化，更無感情可言，因而能夠從外在於這套封建秩序的角度，察覺了封建秩序內在的缺點正是動亂之根源。對墨子來說，唯有更激進地揚棄封建秩序，才能平息動亂。

封建秩序建立在「親親」的架構上，依照親屬關係遠近來決定人與人之間的對待之義，針對這一點，墨子就提出徹底相反的「兼愛」思想：每個人愛人如己，愛鄰人如同愛家人。封建秩序藉由喪葬禮儀來確認、強化代與代之間的上下傳承關係，墨子就主張「節葬」，打破對於喪葬的重視。封建秩序利用音樂宴飲來強化彼此關係互動，墨子就要求「非樂」，視音樂為奢侈浪費。

出於這種反對封建秩序、反對周文化的立場，墨子心目中的歷史榜樣，當然不會是孔子最崇敬的周公或文王、武王，而是夏禹。一方面，夏的時代早於周，更接近想像中的古代盛世；另一方面，夏禹最重要的事績是治水，是勞動，是三過家門而不入的刻苦精神。

《莊子．天下篇》如此描述墨家：「**不侈於後世，不靡於萬物，不暉於度數，以繩墨自矯，而備世之急，古之道術有在於是者，墨翟、禽滑釐聞其風而說之。……**」不教後世奢侈，不浪費萬物，不受既有禮儀法度眩惑，以嚴格的規範不斷自我矯正，來救助世間的急難。古代有強調這方面的主張，墨翟、禽滑釐聽到了就喜愛信服。

然後：「**墨子稱道曰：『昔者禹之湮洪水，決江河，而通四夷九州也。名川三百，支川三千，小者無數。禹親自操橐耜而九雜天下之川；腓無胈，脛無毛，沐甚雨，櫛疾風，置萬國。禹大聖**

也，而行勞天下也如此。』使後世之墨者多以裘、褐為衣，以跂、蹻為服，日夜不休，以自苦為極。曰：『不能如此，非禹之道也，不足謂墨。……』」

墨子將他的理想推源到禹，盛讚：「從前禹為了治洪水，掘開了長江黃河，讓水路能將四境邊遠地帶和中原九州彼此貫通。主要河川三百條，次要支流三千條，更小的不計其數。禹親自操持著畚箕鋤頭，反覆匯合疏通天下河流，勞苦到大腿無肉，小腿無毛，淋著大雨，頂著大風，開闢出廣大適於居住的土地。禹是個大聖人，都還為了天下人而如此辛苦。」

因而後來的墨者大多用最原始、最粗的布料做衣服，配上木屐草鞋，日夜不停工作，以受苦為最高價值。他們說：「如果不勞動受苦，就不算遵行禹的原則，不配稱為墨者。」

墨子援引夏禹來壓制周文化，這是春秋開始的「崇古」潮流的另一個明顯例證。司馬談的〈論六家要旨〉則如此描述墨家：「**墨者亦尚堯舜道，言其德行曰：『堂高三尺，土階三等，茅茨不翦，采椽不刮；食土簋，啜土刑，糲粱之食，藜藿之羹；夏日葛衣，冬日鹿裘。其送死，桐棺三寸，舉音不盡其哀。教喪禮，必以此為萬民之率。……』**」這段文字指出墨者也崇尚堯、舜之道，只是他們對堯、舜美德的描述，都專注在節儉的方面：「房屋只蓋三尺高，地基也只有三階，屋頂以茅覆蓋，不加修剪，直接用樹幹做為梁柱，不加削刮。盛飯的簋和盛羹的刑都是用陶土簡單燒成的。吃的是粗米，喝的是野菜羹。夏天穿麻布衣，冬天披鹿皮。人死了，只用三寸厚的木棺下葬，也沒有繁複哀戚的喪禮。將這種簡樸的喪禮當作是萬民的模範。」

照司馬談的說法，那麼墨者除了夏禹之外，還引用堯、舜作為他們的權威。但他們看重堯、舜的，不是聖君賢王的成就，而是因為堯、舜比夏禹還更古遠，理論上生活方式更加古樸，沒有任何周人所重視的禮儀與裝飾，符合墨家節儉的主張。

我們在這裡隱約看到了春秋時期的一種對於「歷史詮釋」的爭奪。儒家也推崇堯、舜，為了和儒家抗衡，墨家不是去否定堯、舜，而是用自己的價值立場，重建了一套適合自己使用的堯、舜形象。這種以不同的歷史詮釋來進行自我理念的宣揚競爭，到了戰國時期更加普遍。為了現實需要，大家紛紛往上往前堆疊各種歷史說法，造成了中國古史上複雜而紛亂的現象。

成於戰國後期的《莊子．天下篇》和成於漢初的〈論六家要旨〉，都還保留、凸顯了墨家的主張與周代封建文化之間的緊張對立關係。

反覆論述的獨特風格

今本《墨子》一共有五十三篇。漢朝劉向校錄宮中祕藏典籍，當時找到的《墨子》書一共有七十一篇，但是在歷史流傳的過程中，至遲到了宋朝，就已經亡佚了十多篇，變成今天這種五十三篇的版本了。

《墨子》書不是墨子自己寫的，應該是由其弟子與後學輯錄而成，且成書的過程可能拖得頗久，並非出於一時一人之手。書中有讀起來像是直接記錄墨子語言的篇章，也有像是由弟子根據墨子之意改作的，另外還有明顯是在墨子死後才被寫下來，夾入了後世語言及事件的部分。

《墨子》不是一本單純、統一的書籍，而是混雜了好幾個不同部分組成的。若要探討、理解墨翟的思想與價值核心的話，那麼一般認為從第八篇〈尚賢上〉到第三十七篇〈非命下〉是最重要的，但是這中間有七篇僅剩篇目而無內文，所以總數是二十三篇，含括了墨子最重要的十個主張。

這三十條篇目，在目錄上極為整齊。按照順序羅列了「尚賢」、「尚同」、「兼愛」、「非攻」、「節用」、「節葬」、「天志」、「明鬼」、「非樂」及「非命」一共十個主題，每個主題又各分為「上、中、下」三篇。我們有理由相信，這部分是經過最嚴謹編輯過的，可能也是最早成書的部分，其他篇章很可能是後來才陸續前前後後增附上去的。

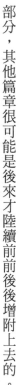

這三十篇，同時也有著很明顯、很統一，一眼就能辨識的風格。其風格與前此的《詩》、《書》、《左傳》、《論語》等經典大異其趣。以〈兼愛上〉的開頭為例：「聖人以治天下為事者也，必知亂之所自起，焉能治之；不知亂之所自起，則不能治。譬之如醫之攻人之疾者然，必知疾之所自起，焉能攻之；不知疾之所自起，則弗能攻。治亂者何獨不然？必知亂之所自起，焉能治之；不知亂之所自起，則弗能治。……」

這樣一段話，語法簡樸，而且大量使用重複句法。話中的訊息只是「聖人治天下，先要了解亂的原因」，我們用大白話講，都只需要這麼少少幾個字就能講完，《墨子》卻要正面說一次，反面說一次，然後再用醫生治病為例，正面說一次，反面說一次。這還沒完，接著又設問「治亂者何獨不然」，把完全一樣的話，又正面說一次，反面說一次。

是的，我們還真的不曾在前此的古文中，遇到這麼直白、卻又這麼囉嗦的寫法。《論語》很早就取得了崇高的經典地位，歷來經過多次校正傳抄和比對註解，所以文本相對地乾淨明晰，沒有太多錯簡竄亂造成閱讀困擾。《墨子》從漢朝之後，就淪入邊緣地位，因而文本中有很多歧字錯字，也有竄亂的句子或段落，不過整體而言，我們還是不難讀懂書中大意，主要就靠這種既直白又囉嗦的文體。《墨子》書中不會有連續的奇字僻字，就算穿插出現一、兩個，我們都很有機會藉由上下文解讀出其意義。《墨子》書中出現了看不懂的句子，別擔心，幾乎毫無例外，前後一定會有表達同樣意思的反覆句，稍一比對，我們也就了解那個看不懂的句子出了什麼問題，到底在說些什麼。

於是，讀《墨子》主要三十篇的方式，和讀其他古書大不相同。面對其他經典例如《詩》、《書》、《左傳》、《論語》，我們的閱讀方式基本上是擴充衍伸式的，把精簡濃縮的文字中沒有說清楚、沒有說完的意思，藉由對於古文字、古文法以及敘述情境的掌握，想辦法說出來、說完整，這是一種「加法」的讀法。讀《墨子》的時候，卻要改用「減法」，把文章中反覆舉例申說的意念抽離出來，用簡潔明瞭的方式，準確地列出來。

〈兼愛上〉第二段說：「**聖人以治天下為事者也，不可不察亂之所自起。……**」前半句照抄第一段開頭，後半句又以負面說法來總結第一段的重點，接著才開始新的論理內容：「**當察亂何自起？起不**

相愛。……」所以「亂」的肇因是什麼？是人與人不相愛。「臣子之不孝君父，所謂亂也。子自愛不愛父，故虧父而自利；弟自愛不愛兄，故虧兄而自利；臣自愛不愛君，故虧君而自利，此所謂亂也。……」世人所說的「亂」是什麼？是為人臣為人子的不忠不孝。不孝怎麼來的？其本質就是為人子的自私自利之心，勝過了對父親的敬愛，所以會為了追求自身的利益，而犧牲父親的利益。同樣的，做弟弟的不敬哥哥，做臣子的不忠於君王，都源自把自身利益看得高於其他。

「雖父之不慈子，兄之不慈弟，君之不慈臣，此亦天下之所謂亂也。父自愛也不愛子，故虧子而自利；兄自愛也不愛弟，故虧弟而自利；君自愛也不愛臣，故虧臣而自利。是何也？皆起不相愛。……」這一長句，沒有講任何新東西，就是把前面的論理換一個方向，探討「亂」不只生於下不服從上，也生於在上者對在下者缺乏慈惠。從墨子的角度看，這種現象，和下不服從上，實質上是同一回事，都是自私自利的產物，都是「不相愛」的表徵。

「**雖至天下之為盜賊者亦然，盜愛其室，不愛其異室，故竊異室以利其室；賊愛其身，不愛人，故賊人以利其身。此何也？皆起不相愛。……**」再推廣出去，盜賊也是「不相愛」的自私表徵。當小偷的，看重自己的家，勝過看重別人的家，所以會去偷別人家來增添自家利益。強盜看重自身勝過看重別人，所以會去搶別人來增加自身利益。「**雖至大夫之相亂家，諸侯之相攻國者亦然。大夫各愛其家，不愛異家，故亂異家以利其家；諸侯各愛其國，不愛異國，故攻異國以利其國，天下之亂物具此而已矣。察此何自起？皆起不相**

愛。……」再推出去看，就連一國之中大夫彼此相爭，國與國之間諸侯彼此攻擊，也一樣，是因為大夫看重自己的封地財產，勝過看重別的大夫，所以不惜製造紛擾來謀求自身利益；諸侯看重自己的國，勝過看重別國，所以會攻伐別國來增加本國的好處，都是「不相愛」所帶來的結果。

檢討下來，這個時代發生的「亂」，其實都有單一、同樣的根源，墨子如此主張。順著這樣的因果討論，他提出了「兼愛」作為解決辦法。「**若使天下兼相愛，愛人若愛其身，猶有不孝者乎？視父兄與君若其身，惡施不孝？猶有不慈者乎？視弟子與臣若其身，惡施其不慈？故不孝不慈亡有。……**」

關鍵在於「使天下兼相愛，愛人若愛其身」，這就是墨子「兼愛」

的基本定義——把別人看得和自己一樣重要，用愛自己、愛惜己身利益的方式來對待別人，那麼天下之「亂」，不管是哪一種「亂」，就都可以消弭了。

「猶有盜賊乎？故視人之室若其室，誰竊？視人身若其身，誰賊？故盜賊亡有。猶有大夫之相亂家、諸侯之相攻國者乎？視人家若其家，誰亂？視人國若其國，誰攻？故大夫之相亂家、諸侯之相攻國者亡有。……」視人如己，把別人的利益看做自己的利益，那就不會有不孝不慈，不會有盜賊，也不會有大夫和諸侯的混亂衝突了。

最後再把這套道理換個方式整理一次：「若使天下兼相愛，國與國不相攻，家與家不相亂，盜賊無有，君臣父子皆能孝慈，若此則天下治。故聖人以治天下為事者，惡得不禁惡而勸愛？故天下

兼相愛則治，交相惡則亂，故子墨子曰『不可以不勸愛人』者，此也。」如果能使天下所有人都視人如己、愛人如己，那麼所有「亂」的現象就都消失了，天下就能太平大治，聖人以治天下為自己的任務，當然要鼓勵人彼此相愛，禁止人互相仇視，這是之所以墨子說「一定要鼓勵看重別人、愛別人」的理由。

雄辯時代的先驅者

我們可以從兩個角度看《墨子》的行文風格。一個角度是：這或許反映了墨子的出身，及其言談的對象。墨子不是傳統「王官學」中受過「六藝」完整訓練的人，對於周文典籍沒有那麼充分的掌握，因而他少用引文典故，他的文字也沒有那麼複雜。他宣說理念的對象，可能也不是像孔子心目中理所當然同樣受過「王官學」教育的國君與卿士大夫，而是不少新興的，正在往上流動的，和墨子有類似背景的人。面對這些人，墨子的重點是將幾個重要的觀念，盡量有效地傳遞給他們。

第二個角度是：《墨子》書所要記錄的，不只是墨子的理念，還要捕捉他說話論理的風格。緊緊把握一個核心觀念，鋪陳其因果，不隨便離題，這是墨子採用的論理策略。繞著核心觀念，不斷反覆舉例，並且變換正反方向來回訴說，這是墨子採取的另一種論理策略。這除了是墨子說話論理的特色之外，很可能也是他刻意選擇的雄辯技巧。

《墨子》書中有〈經上〉、〈經下〉、〈經說上〉、〈經說下〉、〈大取〉、〈小取〉六篇，一般通稱為〈墨辯〉。從時代上看，〈墨辯〉成文應該較遲，晚於墨子的時代；從內容看，〈墨辯〉是一套邏輯學、論理學，探討該如何推理、辯論才最有效。從〈墨辯〉看，我們有理由相信，墨子本身應該就對論辯有著自覺的興趣，所以才在後來的墨家中，衍生出這樣一套說法來。

〈墨辯〉六篇的內容，是方法論。重點不在於主張什麼，而在於整理、教導「如何呈現主張」。這六篇雖然收在《墨子》書中，但和墨子、墨家的思想，關係不是那麼密切，反而是和後來發展出的「名家」，有更清楚、更明確的關聯。〈小取〉中說：「**夫辯者，將以明是非之分，審治亂之紀，明同異之處，察名實之理，處利害，決嫌疑。**」這樣的語言、這樣的意思，我們可以在《公孫龍子》書中一再看到。〈經上〉中討論了「**同——重、體、合、類**」；「**異——二、不體、不和、不類**」，也近似「名家」中的種種詭辯邏輯。

墨子、墨家開始了對於「辯」的講求，試著歸納、整理「辯」的邏輯原則，這套方法論後來被獨立出來，成了「名家」；再後來，「明同異、察名實」的方法又被「法家」襲用來綜理「法」的規範，這是中國古代思想史上曲折變化的一條重要脈絡。

「辯」和「論」是有微妙差別的。我們可以透過比對《論語》和《墨子》的風格來理解。《論語》是孔子針對各種事件、各種問題所給予的答案，直接表示是非善惡對錯好壞的道德評斷，這是「論」。「論」的核心是評斷，孔子給出他的評斷結論，但沒有說明推論過程或背景，因而我們讀《論語》時一方面要盡量設法重建推論過程與背景，另一方面要動用自己的生命經驗與觀察能力，來和孔子的評斷互相比對、互相沖激。然而，「論」有其壞處，那就是這些評斷結論很容易被挪用，放在與原本的推論過程、背景大不相同的方向上，改造、甚至扭曲了孔子的原意。

戰國時代的一個重大特徵，就是「辯」取代了「論」，成為人們說話、表達的主流方式。「辯」來自於多元且相互衝突的意見、立場到處流竄，人與人之間互動對話時的共識基礎愈來愈薄弱。你說你的，我說我的，你有你的立場，我有我的立場。說話、表達時，我再也無法簡單地假設，因為彼此之間對於某些事、某些價值有著必然的共同看法，所以可以省略不說，只要講出我所得到的智慧結論就好了。

尤其是意見的相左爭執，如果聯繫上了國與國之間的合縱連橫策略，此時「縱橫家」隨而興起，他們的主張能否說服人，就牽涉到了巨大的利益，也牽涉到了國家的強弱存亡。現實的情勢，造成「辯」的流行，更帶動了對於「辯」的種種講究。「辯」是一套說服的方法，要告訴人家你有何主張，為什麼如此主張，為什麼對方應該同意、接受你的主張，到後來，還要預先準備回答對方可能會提出的質疑，同時去動搖、推翻與你相反的主張。

舊的「王官學」傳統中，沒有「辯」。雖然《尚書・盤庚》記錄了盤庚對族人說明應該遷徙的種種理由，不過盤庚的說法畢竟還是建立在強烈的威脅基礎上。其他《詩》、《易》、《禮》等文獻中，都是用明確的口氣訴說、規範的，那是一種「真理言說」的模式。

〈兼愛上〉全篇內容，如果換成讓孔子用《論語》中的形式來說，這樣一句就說完了：「**子曰：『天下之亂，皆起不相愛；使天下兼相愛，治矣。』**」但墨子不這樣說話，或者說他沒有採取這種真理姿態說話，他用的是「辯」，而非「論」的方式。

從這個角度看，在墨子之後波瀾壯闊地展開的「中國大雄辯時代」，應該視墨子為先驅者，正是他最早開始試驗、採用鋪陳因果、反覆羅列例證的方式去說服別人。也就是〈大取〉中說的：「**以故生，以理長，以類行者也。**」「**夫辭以類行者，立辭而不名於其類，則必困矣。**」前一句說明論辯的模式——要站在因果的基礎上，把道理衍生出去，並且提供例證。後一句更強調例證的重要性，如果不能多方舉證，就無法讓自己的論理走得通了。

第二章　兼愛真的很簡單

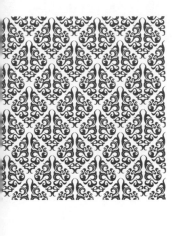

只在一念之間

〈兼愛中〉：「子墨子言曰：『仁人之所以為事者，必興天下之利，除去天下之害，以此為事者也。』然則天下之利何也？天下之害何也？子墨子言曰：『今若國之與國之相攻，家之與家之相篡，人之與人之相賊，君臣不惠忠，父子不慈孝，兄弟不和調，此則天下之害也。……』」

墨子說：「仁人做事情的準則，是興天下之利，除天下之害。」這是「辯」的出發立場，也就是〈大取篇〉裡「以故生，以理長」的「故」。然後，為了將這個立場講清楚，加強聽者對這個立場的理解，《墨子》

書中出現了另外一種後來在「大辯論時代」常見的辯術，那就是反覆設問，盤旋式地自問自答。設問：「那什麼是『天下之利』，什麼是『天下之害』呢？」

墨子回答：「國與國、大夫與大夫、人與人彼此相爭相害；上下關係緊張不和諧，這就是『天下之害』。」從這個回答，又衍生出新的連環問答：「然則察此害亦何用生哉？以不相愛生邪？子墨子曰：『以不相愛生。今諸侯獨知愛其國，不愛人之國，是以不憚舉其國以攻人之國。今家主獨知愛其家，而不愛人之家，是以不憚舉其家以篡人之家。今人獨知愛其身，不愛人之身，是以不憚舉其身以賊人之身。是故諸侯不相愛則必野戰，家主不相愛則必相篡，人與人不相愛則必相賊，君臣不相愛則不惠忠，父子不相愛則不慈孝，兄弟不相愛則不和調。天下之人皆不相愛，強必執弱，富必侮貧，貴必敖賤，詐必欺愚。凡天下禍篡怨恨，其所以起者，以不相愛生也，是以仁者非之。……』」

問：「那麼可以考察一下這種『天下之害』是怎麼產生的嗎？是起自於人與人不相愛嗎？」問題裡其實就包含了答案。墨子當然同意：「是起於不相愛。愛自己不愛別人，所以不惜以自己去侵害襲擊別人，國、大夫、一般人都是如此；甚至連君臣、父子、兄弟之間，如果不相愛，也就不會有正常的惠忠、慈孝、和調等上下情感。如果天下之人都不相愛，那就變成了弱肉強食的殘酷世界。所有的禍亂與惡毒情緒，都起自於不相愛。」到這裡導出了小結論：「所以仁者做事要以反對不相愛為準則。」

「既以非之，何以易之？子墨子言曰：『以兼相愛、交相利之法易之。……』」又問：「反對不相愛，那要用什麼方法改變、代替不相愛呢？」墨子回答：「要用『兼相愛』、『交相利』的原則來代替。」

「然則兼相愛、交相利之法將奈何哉？子墨子言：『視人之國若視其國，視人之家若視其家，視人之身若視其身。是故諸侯相愛則不野戰，家主相愛則不相篡，人與人相愛則不相賊，君臣相愛則惠忠，父子相愛則慈孝，兄弟相愛則和調。天下之人皆相愛，強不執弱，眾不劫寡，富不侮貧，貴不敖賤，詐不欺愚。凡天下禍篡怨恨可使毋起者，以相愛生也，是以仁者譽之。……』」又問：「如果實行了『兼相愛』、『交相利』的原則，會有什麼效果？」墨子的回答，就是將前面羅列「不相愛」的種種壞處，全部倒反過來講一次。

再設問：「然而今天下之士君子曰：『然，乃若兼則善矣。雖然，天下之難物于故也。……』」假設現在天下的士君子聽了這套道理，卻說：「是啊，如果大家都彼此相愛多好！但是，天下最難的事就是改變習慣啊！」（要如何讓天下分辨「兼愛」的原理，改成「兼愛」呢？）

「子墨子言曰：『天下之士君子，特不識其利，辯其故也。今若夫攻城野戰，殺身為名，此天下百姓之所皆難也，苟君悅之，則士眾能為之。況於兼相愛、交相利，則與此異。夫愛人者，人必從而愛之；利人者，人必從而利之；惡人者，人必從而惡之；害人者，人必從而害之。此何難之有！特上弗以為政，士不以為行故也。……』」

墨子回答：「那是因為天下的士君子，並沒有真正理解『兼愛』的好處，才會拿習慣難改來做為藉口。看看攻城打仗，為了成就聲名而付出生命代價，這種事對天下百姓都很難做吧，但只要國君喜歡，一般人就都能做得到。更何況『兼相愛』、『交相利』和攻城打仗、犧牲生命完全不同。你如果愛人，別人也會跟著愛你；你給人家好處，人家也會跟著給你好處。倒過來，你討厭別人，別人也會跟著討厭你；你害人家，人家也會跟著害你。愛人、利人，哪有什麼難的！只不過國君不以愛人、利人當作施政原則，一般士君子也就不奉行罷了。」

然後墨子進一步引用歷史例證來強調：「**昔者晉文公好士之惡衣，故文公之臣皆牂羊之裘，韋以帶劍，練帛之冠，入以見於君，出以踐於朝。是其故何也？君說之，故臣為之也。昔者楚靈王好**

士細腰，故靈王之臣皆以一飯為節，脇息然後帶，扶牆然後起。比期年，朝有黧黑之色。是其何故也？君說之，故臣能之也。昔越王勾踐好士之勇，教馴其臣和合之，焚舟失火，試其士曰：『越國之寶盡在此！』越王親自鼓其士而進之。士聞鼓音，破碎亂行，蹈火而死者左右百人有餘，越王擊金而退之。」

不舉例則已，一要舉例就連舉了三個同樣性質的例子，說的都是國君的喜好如何改變了臣子的行為。第一個例子是：「晉文公偏好人家穿簡陋的衣服，因而他的臣子就都穿起比較劣等的公羊皮裘，配劍也沒有正式的劍鞘，只用熟牛皮套起來，戴上粗布帛的帽子，這樣入內讓國君看見，出來在朝廷上行走。他們哪有什麼難改的舊習慣？只要國君喜歡，臣子就會去做。」

第二個例子是：「楚靈王喜歡細腰的人，於是他的臣子都節制每天只敢吃一頓飯，綁腰帶時要先深吸一口氣，餓到沒力氣，一旦蹲下去就必須扶著牆才站得起來。一年之後，朝廷裡充滿了黑瘦的面容。這些臣子又有什麼難改的舊習慣？只要國君喜歡，他們就會去做。」

還有第三個例子：「越王句踐喜歡勇士，把臣子集合起來訓練，故意放火燒水上的船，然後試探他們說：『越國貴重的寶物都在船上！』親自打起代表進攻命令的鼓聲刺激他們。聽到鼓聲，這些人爭先恐後，完全不顧原有的行伍隊形，衝入火中而死的就有一百多人，直到越王敲起代表撤退命令的鑼聲，才能讓他們退下來。」

針對這三個例子，墨子又做了一番小結，除了前面第一句話之外，其他都照抄剛剛說過的。「**是故子墨子言曰：『乃若夫少食惡衣，**

殺身而為名，此天下百姓之所皆難也，若苟君說之，則眾能為之。……』」餓肚子不能吃飽，穿起粗糙不舒服的衣服，甚至把自己的命葬送了，這是所有人都應該覺得很難做到的事，只要國君喜歡，大家也就能夠做到了。

古史大爆發

那個假設的聽者到這裡還沒有完全被說服，再提一問：「**然而今天下之士君子曰：『然，乃若兼則善矣。雖然，不可行之物也，譬若挈太山而越河濟也。』**」這是和前一問類似的，就算在道理上有人同意了，覺得「兼愛」很好，但是就算「兼愛」並非在邏輯上絕對不可行，也有在現實上無法想像的難度。要叫大家都放棄自私考慮，愛別人如愛自己？豈不是跟扛著泰山越過黃河、濟水一般困難嗎？

「子墨子言：『是非其譬也。夫挈太山而越河濟，可謂畢劫有力矣，自古及今，未有能行之者也。況乎兼相愛、交相利，則與此異，古者聖王行之。……』」墨子的回答，從否定這個比喻入手。「挈太山而越河濟」需要不可思議的力量，從古到今從來沒有人做到過，但「兼相愛」、「交相利」則不然，歷史上確實曾經有人做到過，藉由歷史我們可以清楚證明這是做得到的事。

在這裡我們看到了歷史的用處，也就能明瞭為什麼戰國時代關於歷史知識與歷史的討論會如此發達，甚至因此製造了一片大混亂。在那個努力尋找脫離亂世方法的時代，人的想像力被解放了，許多人提出許多不同的答案，不過這些試圖矯正現實、規劃未來的說法，都必須面對共同的質疑與挑戰——「就算道理是對的，做得到嗎？有辦法實現嗎？」

既然是針對現實面所發出的質疑，無法用抽象道理作回應，那怎麼辦？最自然、也最有力的答案就是像墨子在這裡所給的：「可以做得到，因為歷史上有過具體的事例，不容否認。」

影響所及，凡是想提出新主張的人，都有這種奇特的壓力，必須回到歷史中去找出事例，作為自己的主張的可行性基礎，如此一來，歷史討論當然就發達起來了。但是，真的是所有主張都找得到歷史上的例證嗎？明明他們面對的，是封建秩序的瓦解崩壞，是幾百年來不曾遭遇過的空前變局，如果不是像孔子那樣堅決相信應該恢復封建原有精神的主張，其他追求改革改造的想法，要如何在幾百年的歷史中找到例證？

一種方法，是往更早之前，周代以前的歷史裡去找；另一種方法，是自己發明出歷史例證來，這兩種方法，又很容易合流為一。周代之前的古史本來就真假難辨，如果真要把自己發明的事證放入歷史中，一般人也會覺得擺得愈古遠一點愈安全，也愈可信吧！

於是中國歷史在戰國時代空前膨脹，中國古史大幅度地向上向久遠年代延伸。直到後代嚴格的金石學、考據學，乃至於現代考古學興起之前，人們只能靠著戰國傳留下來的資料去記錄、理解古史，當然也就讓中國古史中充滿了誇大傳奇的色彩。

墨子用來證明「兼相愛」、「交相利」可行的第一個例子是夏禹：

「『**何以知其然？古者禹治天下，西為西河漁竇，以洩渠孫皇之**

水；北為防原泒，注后之邸、嘑池之竇，灑為底柱，鑿為龍門，以利燕、代、胡、貉與西河之民；東為漏大陸，防孟諸之澤，灑為九澮，以楗東土之水，以利冀州之民；南為江、漢、淮、汝，東流之，注五湖之處，以利荊、楚、干、越與南夷之民。此言禹之事，吾今行兼矣。……』」

「古代大禹治理天下，在西邊開通了西河漁竇，讓渠孫皇的水能從那裡排洩出去。在北邊築了原水、泒水岸的堤防，讓這兩條河的水從后之邸這個地方，注入嘑池中，在底柱山分流，然後把龍門山鑿開，讓這些河川順流，造福燕、代、胡、貉和西河的人民。在東邊將洪水從大地上流乾，將孟諸澤岸築起堤防來，讓水分流入九條水道，控制了東土上的洪水，造福冀州人民。在南邊，將長江、漢水、淮河、汝水都向東疏通，水灌注進五湖，造福荊、楚、干、越與南夷的人民。這說的是大禹所做的事，也就是我們今天要提倡的『兼愛』的事例。」意謂大禹做這些辛苦困難的事，都不是出於自私的用心，而是為了造福別人，愛別人如同愛自己一樣。

還有下一個例子：「『**昔者文王之治西土，若日若月，乍光於四方於西土，不為大國侮小國，不為眾庶侮鰥寡，不為暴勢奪穡人黍、稷、狗、彘。天屑臨文王慈，是以老而無子者，有所得終其壽；連獨無兄弟者，有所雜於生人之間；少失父母者，有所放依而長。此文王之事，則吾今行兼矣。……**』」

「從前文王治理西土，像日月般將光芒從西土散佈到四方去。不容許大國去欺負小國，不容許親族眾多者去欺負孤苦無依的人，不容許用暴力奪取農人的穀物和牲畜。上天依憑文王的慈惠，使得老而無子的人，能夠終其天年；沒有兄弟的人，能和其他沒有親戚關係的人共同生活；年少就失去父母的人，能夠得到成長所需的依靠。文王所做的，就是我們今天要實行的『兼愛』的事例。」文王所做的，是照顧別人，愛別人如同愛自己，所以能發出像日月般的光亮。

「老而無子者，……連獨無兄弟者，……少失父母者，……」這幾句並列，很容易讓我們聯想起《禮記．禮運》：「**使老有所終，壯有所用，幼有所長，鰥寡孤獨廢疾者，皆有所養。**」這段後來被通稱為〈大同篇〉。「大同」概念的核心，在於破除親族的界線，讓沒有或失去親族的人，也都能在社會上獲得安養，是針對封建秩序所提出的重要擴充與修正，大有可能就是受到墨家「兼愛」價值影響下的產物。

第三個例子：「『昔者武王將事泰山隧，傳曰：「泰山，有道曾孫周王有事，大事既獲，仁人尚作，以祗商夏，蠻夷醜貉。雖有周親，不若仁人；萬方有罪，維予一人。」此言武王之事，吾今行兼矣。……』」

「隧」同「燧」，指舉火上告的祭典。「有道」是周人翦商時的慣用語，將商人、紂王稱為「無道」，所以自稱「有道」作為對照。「曾孫」是後裔子孫的通稱。這段說的是：「從前武王到泰山去進行舉火祭典，典禮的祝詞說：『泰山，遵守正道的後裔子孫周王有大事，現在大事成功了，仁人並起協助，得以承祀商、夏，遠方種族也安定了。儘管周人是親族，但我和仁人還要更加親近；境內眾多方國若有任何過錯，都是我一個人的責任。』武王所做的，就是今天我們要實行的『兼愛』的事例。」

然後是這篇的總結：「**是故子墨子曰：『今天下之君子，忠實欲天下之富，而惡其貧；欲天下之治，而惡其亂，當兼相愛、交相利，此聖王之法，天下之治道也，不可不務為也。』**」若是內心真正想要讓天下富裕，去除貧窮；要讓天下安定，去除禍亂，那就應當要「兼相愛」、「交相利」。

〈兼愛中〉通篇的核心論點，奠基於反覆強調國君的影響力，從「上行下效」的作用來看，墨子顯然不覺得有任何影響不了、做不到的限制，只要國君偏好、提倡，就能將其他人的行為導往那個方向。這是一種相對素樸單純的行為可塑性信念。

你會信賴誰

〈兼愛下〉延續〈兼愛中〉的反覆設問法，繼續強調「兼相愛」、「交相利」的重要性。其中許多文句都在前面兩篇出現了，因而我們只挑選不一樣的論點來讀就可以了。

〈兼愛中〉開頭問：「天下之利是什麼？天下之害又是什麼？」到了〈兼愛下〉開頭則問：「**然當今之時，天下之害孰為大？……**」今天這個時代，最大的禍害是什麼？墨子回答這個問題時先重複列舉了前面提過的種種禍害，然後進一步說：「**『姑嘗本原若眾害之所自生，此胡自生？此自愛人利人生與？即必曰：「非然也。」必曰：「從**

惡人賊人生。」分名乎天下惡人而賊人者，兼與？別與？即必曰：「別也。」然即之交別者，果生天下之大害者與！是故別非也。……』」

追究這些害從哪裡來的呢？絕對不是從「愛人」、「利人」而來的，是從「惡人」、「賊人」來的。如果要給這種「惡人」、「賊人」的態度取名字，是取作「兼」比較恰當，還是「別」比較恰當？當然是「別」嘛。就是因為有分別心，站在自我中心的立場，才會討厭別人、傷害別人嘛。那我們就知道，彼此對立區別，是製造出天下大害的原因，所以一定要反對「別」。

「子墨子曰：『非人者必有以易之，若非人而無以易之，譬之猶以水救火也，其說將必無可焉。……』」這裡「以水救火」傳抄脫漏了，應該是「以水救水、以火救火」才對。反對別人，一定要提出不一樣、可以替換的主張，不然就好像拿水去救水、拿火去救火一樣，不可能成功的。

拿什麼來替換呢？答案是用「兼」來換「別」。於是又設問：「**然即兼之可以易別之故何也？……**」「兼」可以取代「別」的主張，道理何在？墨子的解釋是：「**為彼由為己也。**」這裡的「由」與「猶」通，對待別人如同對待自己，就不會互相侵犯，大家都不互相侵犯，就產生了天下之大利，「兼」可以產生天下大利，當然可以取代製造出天下大害的「別」。

「**今吾將正求與天下之利而取之。以兼為正，是以聰耳明目相與視聽乎，是以股肱畢強相為動宰乎，而有道肆相教誨。是以老**

而無妻子者，有所侍養以終其壽；幼弱孤童之無父母者，有所放依以長其身。……」現在我會認真地追求並取得天下之利，關鍵就在以「兼」為準繩。「兼」，就可以運用最敏銳的耳朵、最好的眼睛來聽來看，也就可以運用最強健的手和腳來做事，大家以自己掌握的知識智慧互相教導。那麼沒有家人照顧的老人，就能得到供養；失去父母的幼少，也能有所依賴。

接著又有一個問題出現：「今唯毋以兼為正，即若其利也，不識天下之士，所以皆聞兼而非者，其故何也？然而天下之士非兼者之言，猶未止也？曰：『即善矣。雖然，豈可用哉？』……」句中「毋」字應該是個衍字，多出來的。這個問題是：「既然只要以『兼』為準繩，就能獲得那麼大的利益，那實在讓人不解，為什麼大部分的人都還是聽到了『兼』就反對呢？為什麼他們反對『兼』的意見不會停息呢？他們都說：『就算道理是好的、是對的，哪能有真正的用處呢？』」

「**子墨子曰：『用而不可，雖我亦將非之，且焉有善而不可用者？……』**」墨子說：「沒有用的主張，連我都會反對，而且哪有好的主張卻無法用的呢？」接著他用了一組對照的假想案例來解釋：「**『姑嘗兩而進之。誰以為二士，使其一士執別，使其一士執兼。……』**」姑且試著這樣對照來看看：這裡有兩個人，一個主張「別」，一個主張「兼」。「**『是故別士之言曰：「吾豈能為吾友之身若為吾身，為吾友之親若為吾親？」是故退睹其友，飢即不食，寒即不衣，疾病不侍養，死喪不葬埋。別士之言若此，行若此。……』**」主張「別」的這個人說：「我怎麼可能把朋友看作自己，把朋友的親人看作自己的親人呢？」因而看到朋友餓了不會給他食物，看到朋友冷了不會給他衣服，朋友病了不會協助療養，朋友死了也不會替他安葬。主張「別」的人就會說這樣的話，做這樣的事。

「『兼士之言不然，行亦不然。曰：「吾聞為高士於天下者，必為其友之身若為其身，為其友之親若為其親，然後可以為高士於天下。」是故退睹其友，飢則食之，寒則衣之，疾病侍養之，死者埋葬之。兼士之言若此，行若此。……』」主張「兼」的這個人則會說相反的話，因而也做完全相反的事。

「『若之二士者，言相非而行相反與！當使若二士者，言必信，行必果，使言行之合猶合符節也，無言而不行也。然即敢問：今有平原廣野於此，被甲嬰冑將往戰，死生之權未可識也；又有君大夫之遠使於巴、越、齊、荊，往來及否未可識也，然即敢問：不識將惡也家室、奉承親戚、提挈妻子，而寄託之？不識於兼之友是乎？於別之友是乎？……』」要是這兩個人，說到做到，言行合一，那麼假設：這裡有一個人要上戰場，生死未卜；或有一個人被派到很遠的地方出使，不知道自己有沒有辦法到得了回得來，那麼不曉得這個人要將他的家室、服侍親人、照顧妻兒的責任寄託給哪個朋友？寄託給主張「兼」的朋友，還是主張「別」的朋友？

「『我以為當其於此也，天下無愚夫愚婦，雖非兼之人，必寄託之於兼之有是也。此言而非兼，擇即取兼，即此言行費也。不識天下之士，所以皆聞兼而非之者，其故何也？』……」我認為在這種處境下，再笨的人，就連平常反對、攻擊「兼愛」主張的人，都會將家室親人妻兒寄託給主張「兼」的朋友。說話反對「兼」，需要選擇時卻選「兼」，這不是言行相悖嗎？是啊，我也不解，為什麼大部分的人都還是聽到了『兼』就反對呢？（他們真的反對嗎？從作法上看，他們明明是贊成的啊！）

接下來，又有進一步設問：「**然而天下之士非兼者之言，猶未止也，曰：『意可以擇士，而不可以擇君乎？……』**」但反對「兼」的人還有話說。他們說：「是啦，『兼』的原則對我們選擇一般人是有用的，但在選擇君主時，就沒有用了吧？」

「『**姑嘗兩而進之，誰以為二君，使其一君者執兼，使其一君者執別。……**』」墨子用完全一樣的方法，回答這個質疑。假設有兩個國君，一個主張「兼」，一個主張「別」，那會發生什麼事？「『**是**

故別君之言曰：「君惡能為吾萬民之身，若為吾身？此泰非天下之情也。人之生乎地上無幾何也，譬之猶駟馳而過隙也。」是故退睹其萬民，飢即不食，寒即不衣，疾病不侍養，死喪不葬埋。別君之若此，行若此。……』」主張「別」的國君，說法和主張「別」的人一樣，只多了一句：「人生在世沒有多久時間，像是快馬穿過縫隙一般短暫。只有這麼點時間，要把眾民看做跟我自己一樣，實在太不合一般人情了。」所以他就用自私、「別」的方式對待他的人民。

後面一段，主張「兼」的國君，所言所行，都和主張「兼」的人一樣，文句一致，在此就不重複了。「『然即敢問：今歲有癘疫，萬民多有勤苦凍餒、轉死溝壑中者，既已眾矣。不識將擇之二君者，將何從也？我以為當其於此也，天下無愚夫愚婦，雖非兼者，必

從兼君是也。言而非兼，擇即取兼，此言行拂也。不識天下所以皆聞兼而非之者，其故何也？』……」如果現在遇到了大瘟疫，許多人民雖勤苦卻吃不飽、穿不暖，離家死在道路溝壑中的愈來愈多，不曉得在這種狀況下，人民要選擇哪個國君呢？我認為在這種處境下，再笨的人，就連平常反對、攻擊「兼愛」主張的人，都會選擇跟隨主張「兼」的君主。說話反對「兼」，需要選擇時卻選「兼」，這不是言行相悖嗎？是啊，我也不解，為什麼大部分的人都還是聽到了『兼』就反對呢？（他們真的反對嗎？從作法上看，他們明明是贊成的啊！）

堯舜禹湯皆證人

底下再設一問：「**然而天下之士非兼者之言，猶未止也，曰：『兼即仁也，義也。雖然，豈可為哉？吾譬兼之不可為也，猶挈泰山以超江河也。故兼者直願之也，夫豈可為之物哉？』……**」這是前面出現過的問題，說就算「兼」符合仁義，但太過理想化了，做起來簡直像扛著泰山越過長江黃河一樣，困難到不是可以認真執行的。

墨子的回答，也還是用歷史的例子。「挈泰山以超江河」是從來沒有人做到過的事，但「兼」卻是古代「先聖六王」切身實行過的。「**何知先聖六王之親行之也？子墨子曰：『吾非與之並世同時，親聞**

其聲見其色也。以其所書於竹帛，鏤於金石，琢於盤盂，傳遺後世子孫者知之。……』怎麼知道的呢？墨子說：「我不是和先聖六王同時代，親耳聽到他們聲音，親眼看到他們容顏因而知道的；而是靠寫在竹簡帛布上，刻鑄在金石、青銅器上，傳留給後世子孫的記錄得知的。」

墨子首先引用《尚書．泰誓》的文句「**文王若日若月，乍照光於四方於西土**」，說明周文王像日月照耀，所以是無私，是行「兼」的；再引用〈禹誓〉文句「『**禹曰：「濟濟有眾，咸聽朕言，非惟小子，敢行稱亂，蠢此有苗，用天之罰，若予既率爾群對諸群，以征有苗。」禹之征有苗也，非以求以重富貴，干福祿，樂耳目也，以求興天下之利，除天下之害。即此禹兼也。……』**」

禹說：「眾人啊，請都聽我說，不是小子我敢於作亂，而是苗蠢蠢欲動，我對他們施行上天的責罰，所以才要率領你們諸國群體，一起去征伐。」禹征有苗，不是為了增添富貴、福祿，也不是為了享樂，而是為了興天下之利、除天下之害，這就是禹的「兼」的精神。

再引用〈湯說〉（現在流傳的《尚書》中沒有這一篇），「『湯曰：「惟予小子履，敢用玄牡，告於上天后曰：『今天大旱，即當朕身履，未知得罪於上下。有善不敢蔽，有罪不敢赦，簡在帝心。萬方有罪，即當朕身，朕身有罪，無及萬方。』」即此言湯貴為天子，富有天下，然且不憚以身為犧牲，以祠說于上帝鬼神。即此湯兼也。……』」

「履」是湯的名字，湯說：「小子我履，恭敬地準備了黑色公羊，上告天帝：『現在大乾旱，應由我來承擔。我不知怎麼得罪了天地，有善我不敢遮蔽隱瞞，有惡我也不敢不懲罰，這一切天帝應該很明瞭。如果萬民有罪，由我承擔，若是我有罪，則別牽連萬民。』」這就是說，湯貴為天子，擁有天下，卻都不惜用自己來當犧牲，以祭祀取悅上帝鬼神。這就是湯的「兼」的精神。

然後又引用《周詩》（引用的內容現行本分見於《尚書．洪範》和《詩經．大東》），「**『周詩曰：「王道蕩蕩，不偏不黨；王道平平，不黨不偏。其直若矢，其易若底；君子之所履，小人之所視。」若吾言非語道之謂也，古者文、武為正，均分賞賢罰暴，勿有親戚弟兄之所阿。即此文、武兼也。……』**」

周詩：「王道坦蕩，不偏不私，像箭矢一樣直，像磨刀石一樣平，這是在上位的君子所實踐的，也是在下位的小民所仰望依賴的。」誰說我講的話沒有道理，那就去看看古時文王、武王為政的原則，他們也是公平地獎賞賢人、懲罰暴亂，不偏私親戚兄弟。這就是文王、武王的「兼」的精神。

後面再設一個質疑之問：「然則天下非兼者之言猶未止，曰：『意不忠親之利，而害為孝乎？』……」然而，不忠心於照顧親人的利益，豈不是不孝？

墨子回答：「『姑嘗本原之孝子之為親度者。吾不識孝子之為親度者，意欲人愛利其親與？意欲人之惡賊其親與？以說觀之，即欲人之愛利其親也。……』」且先來推原孝子為親人著想的道理，是希望人家愛自己的親人，對自己親人有利？還是希望人家厭惡自己的親人，傷害自己的親人？從平常的說法看來，應該是前者。

那麼，「『然即吾惡先從事以得此？若我先從事乎愛利人之親，然後人報我愛利吾親乎？意我先從事乎惡人之親，然後人報我以愛利吾親乎？即必吾先從事乎愛利人之親，然後人報我以愛利吾親也。……』」我該先做什麼以得到這樣的結果？是先去愛人家的親人，對人家的親人有利，然後人家回報對我親人的愛與利；還是我先去厭惡人家的親人，傷害人家的親人，然後人家回報對我親人的愛與利？很顯然應該是前者吧！

「『然則之交孝子者，果不得已乎，毋先從事愛利人之親者與？意以天下之孝子為遇而不足以為正乎？姑嘗本原之先王之所書，〈大雅〉之所道曰：「無言而不讎，無德而不報，投我以桃，

報之以李。』」即此言愛人者必見愛也，而惡人者必見惡也。……』」所以，要當孝子沒有別的辦法，只能先去愛人家的父母、幫助人家的父母。難道天下的孝子都是誤打誤撞巧合形成的，沒有一套原則嗎？且去查查先王之書，《詩經．大雅》說：「說怎樣的話就會得到怎樣相應的回話，做怎樣的事就會得到怎樣相應的回報；投給我一顆桃子，就回報給他一顆李子。」這就是在表達：愛人的人就會被愛，討厭人的就會被討厭。

接著墨子說明，別以為要做到「兼」很難。他同樣舉了〈兼愛中〉舉過的例子，楚靈王好細腰、越王勾踐好勇，以及晉文公好惡衣，說明即使是「『**天下之至難為也，然後為而上說之，未踰於世而民可移也。……**』」因為「『**求以鄉其上也。……**』」為了討好君上，再難

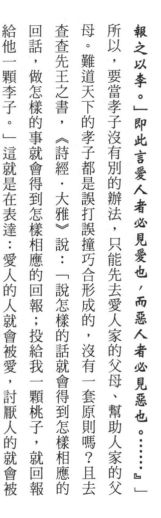

的事都可以在一個世代的時間內就收到改變的成效了。

「『今若夫兼相愛、交相利，此其有利且易為也，不可勝計也。我以為則無有上說之者也而已矣。苟有上說者，勸之以賞譽，威之以刑罰，我以為人之就兼相愛交相利，譬之猶火之就上，水之就下，不可防止於天下。……』」「兼相愛」、「交相利」有利又容易，缺的就只是有君王愛好而已。如果有君王愛好，以賞罰刺激，那麼人都趨近「兼相愛」、「交相利」，會像火向上燒、水往下流一般自然，根本擋都擋不住。

最後一段結語：「故兼者聖王之道，王公大人之所以安也，萬民衣食之所以足也。故君子莫若審兼而務行之，為人君必惠，為人臣必忠，為人父必慈，為人子必孝，為人兄必友，為人弟必悌。

故君子莫若欲為惠君、忠臣、慈父、孝子、友兄、悌弟，當若兼之，不可不行也，此聖王之道，而萬民之大利也。」

君子應該仔細思考「兼」並認真實行，那麼就能扮演好每一個角色，帶來最大的利益。

第三章　挑戰周文化

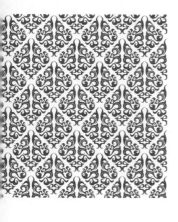

義與不義之亂

墨子思想中，和「兼愛」同等重要的，還有「非攻」。

〈非攻上〉：「**今有一人，入人園圃，竊其桃李，眾聞則非之，上為政者得則罰之。此何也？以虧人自利也。……**」這裡有一個人，闖進人家的園子裡偷了樹上的桃子李子，一般人聽到了就罵他，做了不該做的事，為政者如果抓到了他，也就懲罰他。為什麼？因為他為了自己的利益而傷害了別人的利益。

「**至攘人犬豕雞豚，其不義又甚入園圃竊桃李。是何故也？以虧人愈多，其不仁茲甚，罪益厚。……**」如果是偷抓人家的雞狗大豬小豬，那就比闖入園子偷桃李錯得更嚴重了。為什麼？因為對人家的利益傷害更大，不仁的程度更高，就應該受到更重的處罰。

「**至入人欄廄，取人馬牛者，其不仁義又甚攘人犬豕雞豚。此何故也？以其虧人愈多。苟虧人愈多，其不仁茲甚，罪益厚。至殺不辜人也，扡其衣裘，取戈劍者，其不義又甚入人欄廄取人馬牛。此何故也？以其虧人愈多。苟虧人愈多，其不仁茲甚矣，罪益厚。當此，天下之君子皆知而非之，謂之不義。……**」用同樣的句型，墨子舉了愈來愈嚴重的例子，偷馬牛的比偷雞狗大豬小豬嚴重，殺人搶奪衣服戈劍的又比偷馬牛更嚴重。這樣的道理，大家都知道，都批評這種行為為「不義」。

接著話鋒一轉，順著這個邏輯，有了奇怪、令人不解的現象：「**今**

至大為攻國，則弗知非，從而譽之，謂之義。此可謂知義與不義之別乎？……」在這麼多損人利己的行為之中，最嚴重的是攻打別人的國家，偏偏人們對這種行為非但沒有批評，還加以稱讚，認為是正確合宜的行為，這樣可以算了解「義」和「不義」的分別嗎？

「**殺一人，謂之不義，必有一死罪矣。若以此說往，殺十人十重不義，必有十死罪矣；殺百人百重不義，必有百死罪矣。……**」殺一個人，我們稱之為「不義」，而且覺得應該處以死罪抵命。如果用這種說法推論，那麼殺十個人是十倍不義，應該處以十倍的死罪；殺一百人是一百倍不義，應該處以一百倍的死罪。

「**當此，天下之君子皆知而非之，謂之不義。今至大為不義攻國，則弗知非，從而譽之，謂之義。情不知其不義也，故書其**

言以遺後世。若知其不義也，夫奚說書其不義以遺後世哉？……」

對於殺人，大家都了解道理，同聲反對。然而，最嚴重的殺人、最大的不義，是攻打別人的國家，大家卻不知道那是錯的，還加以稱讚，認為是正確合宜的行為。是真的不曉得這種行為不對，所以還把稱讚攻國的言論寫下來流傳後世。如果知道那是不對的，那為什麼不寫下反對的意見流傳後世呢？

墨子說的「非攻」，不只是阻止戰爭，而是要清楚地反對戰爭，嚴厲地譴責戰爭。他所看到的重點，是許多人在面對攻國戰爭時的雙重標準，視一般殺人為嚴重罪行，卻對橫屍遍野的戰爭採取支持、贊成的態度。

「今有人於此，少見黑曰黑，多見黑曰白，則以此人不知白黑

之辯矣；少嘗苦曰苦，多嘗苦曰甘，則必以此人為不知甘苦之辯矣。今小為非，則知而非之；大為非攻國，則不知非，從而譽之，謂之義，此可謂之義與不義之辯乎？是以知天下之君子，辯義與不義之亂也。」

假設有一個人，看到一小塊黑，他說那是黑的，但在他眼前出現一大片黑的時候，他卻說那是白的，如此我們一定覺得他根本無法分辨黑白。假設有一個人，給他一小口咖啡，吃稍稍苦的東西，他說那是苦的；但給他一大片黃連，吃很苦很苦的東西，他卻說那是甜的，如此我們一定覺得他根本無法分辨苦甜。同樣道理，對於小一點的壞事，知道要反對、譴責，對最大的壞事——去攻打別人的國家——卻不知道要反對、譴責，這樣可以說是懂得如何分辨「義」和「不義」嗎？所以我們就明白了大家判斷「義」與「不義」的方法，是說不通的。

墨式辯術

墨子的核心主張，還包括「尚賢」、「尚同」、「節用」、「節葬」、「非樂」、「非命」、「天志」和「明鬼」，其基本方向都是對應當時現實，並且對舊有的封建貴族文化提出質疑、修正。

關於他的「非樂」立場，我們可以透過〈三辯〉得到簡要的認識。

「程繁問於子墨子曰：『夫子曰「聖王不為樂」，昔諸侯倦於聽

治，息於鐘鼓之樂；士大夫倦於聽治，息於竽瑟之樂；農夫春耕夏耘，秋斂冬藏，息於聆缶之樂。今夫子曰「聖王不為樂」，此譬之猶馬駕而不稅，弓張而不弛，無乃非有血氣者之所能至耶？』……」

這篇文章從程繁對墨子提出的質疑開始：「你主張『聖王不為樂』，但從歷史上看起來，不是事實。以前的諸侯、士大夫和一般農夫，工作疲勞時，都是以『樂』來提供休息的啊。諸侯有比較大編制的鐘鼓之樂，士大夫可以聽聽吹竽彈瑟的音樂，就連農夫都可以敲敲瓦盆為樂。而且你主張『聖王不為樂』，豈不是要人家只工作不休息，就像馬老是被套在車架上不放下來，弓老是拉得滿滿不鬆開，有血有肉的生物怎麼可能撐得住呢？」

「子墨子曰：『昔者堯舜有茅茨者，且以為禮，且以為樂；湯放桀於大水，環天下自立以為王，事成功立，無大後患，因先王之樂，又自作樂，命曰〈護〉，又修〈九招〉。……』」墨子回答程繁的方法，是給了一段簡要的音樂發展史：「古代堯舜住在不經修飾的茅草屋裡，以這樣的條件有禮有樂。」意思是當時的禮樂不可能有什麼豪華繁縟的因素，堯舜沒有刻意做什麼音樂，在茅茨土屋中，將就著有什麼就是什麼。「然後商湯征伐夏桀，把夏桀放逐到大水，把天下納為己有自立為王，成功之後，沒有什麼大禍患了，就依照先前的音樂予以踵事增華，做了自己的音樂，稱之為〈護〉，又整理修潤了夏代留下來的音樂〈九招〉。……」

「『武王勝殷殺紂，環天下以自立以為王，事成功立，無大

後患，因先王之樂，又自作樂，命曰〈象〉；周成王因先王之樂，又自作樂，命曰〈騶虞〉。周成王之治天下也，不若武王；武王之治天下也，不若成湯；成湯之治天下也，不若堯舜。故其樂愈繁者，其治愈寡。自此觀之，樂非所以治天下也。』……」

武王打敗了殷商，殺了紂王，作樂稱之為〈象〉；繼武王之後的成王，又作樂稱之為〈騶虞〉。重點是看待這段音樂發展簡史的眼光——這是一段政治成就與音樂進展剛好反比的歷史。在音樂上，成王最繁麗，但在政治上，成王排名最後。在音樂上，堯舜最簡陋，但在政治上，堯舜的成就最高，所以「樂非所以治天下也」。事實上，墨子顯然認為音樂不只無助於「治天下」，還是「天下不治」的象徵。

這樣的回答，其實並沒有真正回答程繁問題的兩個重點。第一，為什麼說「先王無樂」？第二，如果沒有音樂，大家要如何休息？人能夠老是繃得緊緊的，不用休息嗎？成繁不滿意墨子的答案，「**程繁曰：『子曰「聖王無樂」，此亦樂已，若之何其為「聖王無樂」也？』……**」「光是你回答中提到的，就是堯舜的樂、成湯的樂、武王成王的樂，怎麼能說『聖王無樂』呢？」

「**子墨子曰：『聖王之命也，多寡之。食之利也，以知饑而食之者智也，因為無，智矣。今聖有樂而少，此亦無也。』**」墨子的回答是：「聖王的態度是讓多的變少。肚子餓了再吃，才真正得到吃飯的好處。聖王的智慧不在於增多、創造，而是表現在減少、取消。聖王的時代有音樂，但聖王的態度卻是要讓音樂減少，這也就是『無樂』了。」

我們不清楚這篇為什麼叫〈三辯〉，目前看到的全文就只有兩問兩答，不過以「辯」為名，倒是極為貼切，因為問答中顯現了其他篇章中不易見到的墨子式「辯術」，用了改變焦點、答非所問的技巧，也用了改變既有定義（把「無」解釋成「主觀要減少」，而不是字面上的「沒有」）的方式，讓我們清楚看到戰國「辯風」的起源，也更進一步察知墨家之「辯」的實踐。

節省才能用更多

墨子視禮樂，尤其是樂為不必要的浪費，這樣的立場，在〈非樂篇〉和〈節用篇〉中都有明白的表達。

〈節用上〉：「**聖人為政一國，一國可倍也；大之為政天下，天下可倍也。其倍之，非外取地也，因其國家去其無用之費，足以倍之。……**」聖人治理一個國家，可以讓國家倍增；擴大來治理天下，也可以讓天下倍增。倍增的方式，不是去攻占別人的土地，而是將國中、家中花在無用之事的費用儉省下來。

「**聖王為政，其發令興事，使民用財也，無不加用而為者，是**

故用財不費，民德不勞，其興利多矣。……」聖王發布命令、興辦事務、役使人民、運用資源，一定是能夠增加效用的才去做，所以不會浪費、不會勞民，就能創造許多利益。

「其為衣裘何？以為冬以圉寒，夏以圉暑。凡為衣裳之道，冬加溫、夏加清者芊䱉，不加者去之。其為宮室何？以為冬以圉風寒，夏以圉暑雨，有盜賊加固者芊䱉，不加者去之。其為甲盾五兵何？以為以圉寇亂盜賊。若有寇亂盜賊，有甲盾五兵者勝，無者不勝。是故聖人作為甲盾五兵加輕以利，堅而難折者芊䱉，不加者去之。其為舟車何？以為車以行陵陸，舟以行川谷，以通四方之利。凡為舟車之道，加輕以利者芊䱉，不加者去之。凡其為此物也，無不加用而為者，是故用財不費，民德不勞，其興利多矣。……」

這一大段用同樣的邏輯，反覆舉了衣服、住所、兵器和交通工具為例。「芊䱜」兩字意義難明，不過從上下文判斷，可以讀作「則取」。不管是衣服、住所、兵器或交通工具都是同樣的道理，先弄清楚這種東西的功能是什麼，然後純粹從功能上考慮，有助於增加功能的就是好的，有益則取用，無助於增加功能的就去除不用。

衣服的功能是冬天禦寒、夏天禦暑；住所的功能是冬天避風寒、夏天避暑雨，以及防止盜賊；兵器的功能是抵擋、戰勝寇亂盜賊；交通工具的功能是在不同地形上載客載貨。從這種根本功能上去看，就能清楚判斷該怎麼處理這些東西。

這裡兩度出現「加輕以利」，「加輕」其實就是減去，墨子強調要去除其他與功能無關的裝飾，一切回歸功能，也就是回歸「用」。因而我們了解：「節用」二字不能解釋為「節省財用」，墨子的本意是凸顯「用」，一切以「用」為依歸，所以可以「節」，就是省去那些「無用」的，讓「用」得以倍增。

「**有去大人之好聚珠玉、鳥獸、犬馬，以益衣裳、宮室、甲盾、五兵、舟車之數，於數倍乎！若則不難，故孰為難倍？唯人為難倍。……**」只要去除貴族王公手上聚積的無用之物，像是珠玉、鳥獸、犬馬，拿來增加有用的東西，這些東西很容易就可以倍增了。按照功能原則，廢無用換有用，東西不難倍增，那麼有什麼是難以倍增的嗎？有，要讓人口倍增是困難的。

「**昔者聖王為法曰：『丈夫年二十，毋敢不處家。女子年十五，毋敢不事人。』此聖王之法也。聖王既沒，于民次也，其**

欲蚤處家者，有所二十年處家；其欲晚處家者，有所四十年處家。以其蚤與其晚相踐，後聖王之法十年。若純三年而字，子生可以二三年矣。此不惟使民蚤處家而可以倍與？且不然已。……」

從前聖王訂定的法令說：「男子二十歲不能不結婚成家；女子十五歲不能不嫁人。」這是聖王的法令。聖王死了，對人民的要求就鬆懈了，早一點想成家的，還是二十歲成家，要晚一點成家的，有拖到四十歲的，早晚相平均，差不多是三十歲，已經比聖王規定的晚十年了。以三年生一個孩子來算，十年至少可以多生兩三個了。這不只可以讓人民早成家，還可以讓人口倍增，不是嗎？但現在不是這樣做的。

「**今天下為政者，其所以寡人之道多。……**」現在治理國家的人，不只不致力於增加人口，還有很多辦法減少人口。「**其使民勞，其**

籍斂厚，民財不足，凍餓死者不可勝數也。……」一種方法是拚命役使人民，又拼命增加賦斂，結果人民生產不足，更無積蓄，窮到凍死、餓死的不計其數。

「**且大人惟毋興師以攻伐鄰國，久者終年，速者數月，男女久不相見，此所以寡人之道也。……**」此處「惟毋」是發語詞，無義。而且國君還要發兵攻打鄰國，一打起仗，長則一整年，短則好幾個月，夫妻久久分離，連面都見不到，這也是讓人口減少的原因。

「**與居處不安，飲食不時，作疾病死者，有與侵就伏橐，攻城野戰死者，不可勝數。……**」還有，打起仗來，住不安穩、飲食不正常，因而患病死掉的，以及死於各種軍事行動，攻城野戰中的，也不計其數。「**此不令為政者所以寡人之道數術而起與？聖人為政，特無**

此，不聖人為政，其所以眾人之道亦數術而起與？……」這不就是國君們讓人口減少的辦法發揮了作用造成的嗎？聖人為政，卻沒有這種狀況，不就證明了聖人為政的態度剛好相反，是要採用能夠讓人口增加的各種辦法嗎？

因而最後的結論：「**故子墨子曰：『去無用之費，聖王之道，天下之大利也。』**」

實踐出來的顯學

墨子的其他核心觀念，例如「明鬼」主張鬼神確實存在，「天志」則主張一個有意志的人格天，都明顯和著重人本的周文化唱反調。這些想法，一方面我們今天很難認同，另一方面對春秋戰國之交的思想，也沒有那麼大的影響力。「明鬼」、「天志」再加上「非命」，帶有墨子強烈地個人色彩，甚至就連後世的墨家都沒有繼承發展。

此外，墨子提出了「尚賢」的主張，反對以親戚關係來作為用人的主要考量因素，也是和封建習慣唱反調的。不過這樣的主張並非墨子獨有的，而是那個時代快速形成的共識。就連希望保存封建秩序，主張回到周初理想的孔子，畢竟都致力於培養一群有能力的弟子，把他們推薦給沒有親戚關係的國君、大夫任用。處在那麼大的變局、那麼激烈且殘酷的競爭中，大家都感受到人才的重要性，誰會反對「尚賢」呢？

到了戰國時期，任用有能力的人，就不只是個想法、是個主張而已。戰國時期有著一種對於尋訪人才、運用人才的狂熱，連帶地產生了各種關於人才的討論，這方面的長足發展，使得墨子的「尚賢」說法顯得過於簡單、粗淺。

墨家一脈相承最明顯的標記，是反對周文化、反對繼承並要求恢復周文化的儒家，是「兼愛」、「非攻」、「非樂」、「節葬」、「節用」這幾項。更重要的，是墨家的實踐精神。他們是一個思想家派，更是一個行動團體。一、兩百年的時間中，一代又一代，以刻苦的生活去實踐

「節用」的信念，四處奔走盡力阻止攻戰，他們做過的事情，和墨子說過的道理同等重要，所言加所行，才為墨家爭得了「顯學」的地位。

附錄

《墨子》選摘

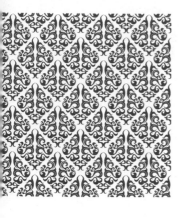

〈公輸〉

公輸盤為楚造雲梯之械，成，將以攻宋。子墨子聞之，起於齊，行十日十夜而至於郢，見公輸盤。

公輸盤曰：「夫子何命焉為？」子墨子曰：「北方有侮臣，願藉子殺之。」公輸盤不說。

子墨子曰：「請獻十金。」公輸盤曰：「吾義固不殺人。」子墨子起，再拜曰：「請說之。吾從北方聞子為梯，將以攻宋。宋何罪之有？荊國有餘於地，而不足於民，殺所不足而爭所有餘，不可謂智。宋無罪而攻之，不可謂仁。知而不爭，不可謂忠。爭而不得，不可謂強。義不殺少而殺眾，不可謂知類。」公輸盤服。子墨子曰：「然乎不已乎？」公輸盤曰：「不可，吾既已言之王矣。」子墨子曰：「胡不見我於王？」公輸盤曰：「諾。」

子墨子見王，曰：「今有人於此，捨其文軒，鄰有敝輿，而欲竊之。捨其錦繡，鄰有短褐而欲竊之。捨其粱肉，鄰有糠糟而欲竊之。此為何若人？」王曰：「必為竊疾矣。」子墨子曰：「荊之地方五千里，宋之地方五百里，此猶文軒之與敝輿也。荊有雲夢，犀兕麋鹿滿之，江漢之魚鱉黿鼉為天下富，宋所為無雉兔狐狸者也，此猶粱肉之與糠糟也。荊有長松、文梓、楩楠、豫章，宋無長木，此猶錦繡之與短褐也。臣以三事之攻宋也，為與此同類，臣見大王之必傷義而不得。」王曰：「善哉！雖然，公輸盤為我為雲梯，必取宋。」於是見公輸盤。子墨子解帶為城，以楪為械，公輸盤九設攻城之機變，子墨子九距之。

公輸盤之攻械盡，子墨子之守圉有餘。公輸盤詘，而曰：「吾知所以距子矣，吾不言。」子墨子亦曰：「吾知子之所以距我，吾不言。」楚王問其故，子墨子曰：「公輸子之意，不過欲殺臣。殺臣，宋莫能守，可攻也。然臣之弟子禽滑厘等三百人，已持臣守圉之器，在宋城上而待楚寇矣。雖殺臣，不能絕也。」楚王曰：「善哉！吾請無攻宋矣。」子墨子歸，過宋。天雨，庇其閭中，守閭者不內也。故曰：治於神者，眾人不知其功。爭於明者，眾人知之。

〈兼愛上〉

聖人以治天下為事者也，必知亂之所自起，焉能治之。不知亂之所自起，則不能治。譬之如醫之攻人之疾者然，必知疾之所自起，焉能攻之。不知疾之所自起，則弗能攻。治亂者何獨不然？必知亂之所自起，焉能治之。不知亂之所自起，則弗能治。

聖人以治天下為事者也，不可不察亂之所自起。當察亂何自起？起不相愛。臣子之不孝君父，所謂亂也。子自愛不愛父，故虧父而自利。弟自愛不愛兄，故虧兄而自利。臣自愛不愛君，故虧君而自利。此所謂亂也。雖父之不慈子，兄之不慈弟，君之不慈臣，此亦天下之所謂亂也。父自愛也不愛子，故虧子而自利。兄自愛也不愛弟，故虧弟而自利。君自愛也不愛臣，故虧臣而自利。是何也？皆起不相愛。雖至天下之為盜賊者亦然。盜愛其室，不愛其異室，故竊異室以利其室。賊愛其身，不愛人，故賊人以利其身。此何也？皆起不相愛。雖至大

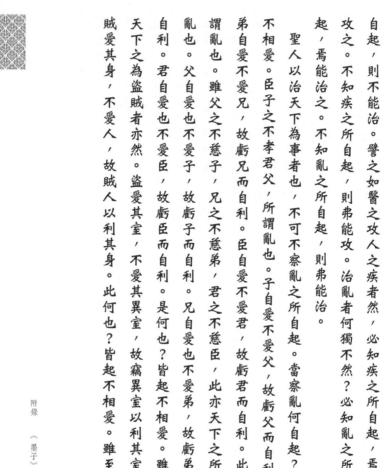

夫之相亂家、諸侯之相攻國者亦然。大夫各愛其家，不愛異家，故亂異家以利其家。諸侯各愛其國，不愛異國，故攻異國以利其國。天下之亂物，具此而已矣！察此何自起，皆起不相愛。

若使天下兼相愛，愛人若愛其身，猶有不孝者乎？視父、兄與君若其身，惡施不孝？猶有不慈者乎？視弟子與臣若其身，惡施不慈？故不孝不慈亡有，猶有盜賊乎？故視人之室若其室，誰竊？視人身若其身，誰賊？故盜賊亡有。猶有大夫之相亂家、諸侯之相攻國者乎？視人家若其家，誰亂？視人國若其國，誰攻？故大夫之相亂家、諸侯之相攻國者亡有。

若使天下兼相愛，國與國不相攻，家與家不相亂，盜賊無有，君臣父子皆能孝慈，若此則天下治。故聖人以治天下為事者，惡得不禁惡而勸愛？故天下兼相愛則治，交相惡則亂，故子墨子曰「不可以不勸愛人」者，此也。

〈兼愛中〉

子墨子言曰：「仁人之所以為事者，必興天下之利，除去天下之害，以此為事者也。」然則天下之利何也？天下之害何也？子墨子言曰：「今若國之與國之相攻，家之與家之相簒，人之與人之相賊，君臣不惠忠，父子不慈孝，兄弟不和調，此則天下之害也。」

然則察此害亦何用生哉？以不相愛生邪？子墨子言：「以不相愛生。今諸侯獨知愛其國，不愛人之國，是以不憚舉其國以攻人之國。

今家主獨知愛其家，而不愛人之家，是以不憚舉其家以篡人之家，今人獨知愛其身，不愛人之身，是以不憚舉其身以賊人之身。是故諸侯不相愛則必野戰。家主不相愛則必相篡。人與人不相愛則必相賊，君臣不相愛則不惠忠，父子不相愛則不慈孝，兄弟不相愛則不和調。天下之人皆不相愛，強必執弱，富必侮貧，貴必敖賤，詐必欺愚。凡天下禍篡怨恨，其所以起者，以不相愛生也，是以仁者非之。」

以非之，何以易之？子墨子言曰：「以兼相愛、交相利之法易之。」然則兼相愛、交相利之法將奈何哉？子墨子言：「視人之國若視其國，視人之家若視其家，視人之身若視其身。是故諸侯相愛則不野戰，家主相愛則不相篡，人與人相愛則不相賊，君臣相愛則惠忠，父子相愛則慈孝，兄弟相愛則和調。天下之人皆相愛，強不執弱，眾不劫寡，富不侮貧，貴不敖賤，詐不欺愚。凡天下禍篡怨恨可使毋起者，以相愛生也。是以仁者譽之。」

然而今天下之士君子曰：「然！乃若兼則善矣。雖然，天下之難物于故也。」子墨子言曰：「天下之士君子，特不識其利、辯其故也。今若夫攻城野戰，殺身為名，此天下百姓之所皆難也，苟君說之，則士眾能為之。況於兼相愛、交相利，則與此異。夫愛人者，人必從而愛之；利人者，人必從而利之；惡人者，人必從而惡之；害人者，人必從而害之。此何難之有？特上弗以為政，士不以為行故也。」

昔者晉文公好士之惡衣，故文公之臣皆牂羊之裘，韋以帶劍，練帛之冠，入以見於君，出以踐於朝。是其故何也？君說之，故臣為之也。昔者楚靈王好士細腰，故靈王之臣皆以一飯為節，脅息然後帶，扶牆然後起。比期年，朝有黧黑之色。是其故何也？君說之，故臣能之也。

昔越王句踐好士之勇，教馴其臣和合之，焚舟失火，試其士曰：「越國之寶盡在此！」越王親自鼓其士而進之。士聞鼓音，破碎亂行，蹈火而死者左右百人有餘，越王擊金而退之。是其故何也？君說之，故臣為之也。

是故子墨子言曰：「乃若夫少食惡衣，殺身而為名，此天下百姓之所皆難也，若苟君說之，則眾能為之。況兼相愛、交相利，與此異矣！夫愛人者，人亦從而愛之。利人者，人亦從而利之。惡人者，人亦從而惡之。害人者，人亦從而害之。此何難之有焉？特士不以為政而士不以為行故也。」

然而今天下之士君子曰：「然！乃若兼則善矣。雖然，不可行之物也，譬若挈太山而越河濟也。」子墨子言：「是非其譬也。夫挈太山而越河濟，可謂畢劫有力矣。自古及今，未有能行之者也。況乎兼相愛、交相利，則與此異，古者聖王行之。何以知其然？古者禹治天下，西為西河漁竇，以洩渠孫皇之水。北為防原泒，注後之邸、嘑池之竇，灑為底柱，鑿為龍門，以利燕、代、胡、貉與西河之民；東為漏大陸，防孟諸之澤，灑為九澮，以楗東土之水，以利冀州之民；南為江、漢、淮、汝，東流之，注五湖之處，以利荊楚干越與南夷之民。此言禹之事，吾今行兼矣。昔者文王之治西土，若日若月，乍光於四方於西土。不為大國侮小國，不為眾庶侮鰥寡，不為暴勢奪穡人黍、稷、狗、彘。天屑臨文王慈，是以老而無子者，有所得終其壽；連獨無兄弟者，有所雜於生人之間；少失其父母者，有所放依而長。此文王之事，則吾今行兼矣。昔者武王將事泰山隧，傳曰：『泰山，有道曾孫周王有事，大事既獲，仁人尚作，以祗商夏，蠻夷醜貉。雖有周親，不若仁人；萬方有罪，維予一人。』此言武王之事，吾今行兼矣。」

是故子墨子言曰：「今天下之士君子，忠實欲天下之富而惡其貧，欲天下之治而惡其亂，當兼相愛、交相利，此聖王之法，天下之治道也，不可不務為也。」

〈兼愛下〉

子墨子言曰：「仁人之事者，必務求興天下之利，除天下之害。」然當今之時，天下之害，孰為大？曰：「若大國之攻小國也，大家之亂小家也，強之劫弱，眾之暴寡，詐之謀愚，貴之敖賤，此天下之害也。又與為人君者之不惠也，臣者之不忠也，父者之不慈也，子者之不孝也，此又天下之害也。又與今人之賤人，執其兵刃毒藥水火，以交相虧賊，此又天下之害也。姑嘗本原若眾害之所自生，此胡自生？此自愛人利人生與？即必曰『非然也』，必曰『從惡人、賊人生』。分名乎天下，惡人而賊人者，兼與？別與？即必曰『別』也。然即之交別者，果生天下之大害者與？是故別非也。」

子墨子曰：「非人者必有以易之，若非人而無以易之，譬之猶以水救火也，其說將必無可焉。」是故子墨子曰：「兼以易別。」然即兼之可以易別之故何也？曰：「藉為人之國若為其國，夫誰獨舉其國以攻人之國者哉？為彼者由為己也。為人之都，若為其都，夫誰獨舉其都以伐人之都者哉？為彼猶為己也。為人之家，若為其家，夫誰獨舉其家以亂人之家者哉？為彼猶為己也。然即國都不相攻伐，人家不相亂賊，此天下之害與？天下之利與？即必曰天下之利也。姑嘗本原若眾利之所自生。此胡自生？此自惡人賊人生與？即必曰非然也，必曰從愛人利人生。分名乎天下愛人而利人者，別與？兼與？即必曰兼也。然即之交兼者，果生天下之大利者與？是故子墨子曰兼是也。且鄉吾本言曰：仁人之事者，必務求興天下之利，除天下之害。今吾本原兼之所生，天下之大利者也。吾本原別之所生，天下之大害者也。」是故子墨子曰：「別非而兼是者，出乎若方也。」

且鄉吾本言曰：「仁人之事者，必務求興天下之利，除天下之害。」今吾本原兼之所生，天下之大利者也；吾本原別之所生，天下之大害者也。」是故子墨子曰：「別非而兼是者，出乎若方也。」

今吾將正求與天下之利而取之，以兼為正。是以聰耳明目相與視聽乎！是以股肱畢強相為動宰乎！而有道肆相教誨。是以老而無妻子者，有所侍養以終其壽。幼弱孤童之無父母者，有所放依以長其身。今唯毋以兼為正，即若其利也。不識天下之士，所以皆聞兼而非者，其故何也？

然而天下之士，非兼者之言猶未止也，曰：「即善矣。雖然，豈可用哉？」子墨子曰：「用而不可，雖我亦將非之。且焉有善而不可用者？姑嘗兩而進之。誰以為二士，使其一士者執別，使其一士者執兼。是故別士之言曰：『吾豈能為吾友之身若為吾身？為吾友之親若為吾親？』是故退睹其友，飢即不食，寒即不衣，疾病不侍養，死喪不葬埋。別士之言若此，行若此。兼士之言不然，行亦不然。曰：『吾聞為高士於天下者，必為其友之身若為其身，為其友之親若為其親，然後可以為高士於天下。』是故退睹其友，飢則食之，寒則衣之，疾病侍養之，死喪葬埋之。兼士之言若此，行若此。若之二士者，言相非而行相反與？當使若二士者，言必信，行必果，使言行之合猶合符節也，無言而不行也。然即敢問：今有平原廣野於此，被甲嬰胄將往戰，死生之權未可識也；又有君大夫之遠使於巴、越、齊、荊，往來及否未可識也，然即敢問：不識將惡也家室、奉承親戚、提挈妻子而寄託之？不識於兼之友是乎？於別之友是乎？我以為當其於此也，天下無愚夫愚婦，雖非兼之人，必寄託之於兼之友是也。此言而非兼，擇即取兼，即此言行費也。不識天下之士，所以皆聞兼而非之者，其故何也。」

然而天下之士，非兼者之言，猶未止也。曰：「意可擇士，而不可以擇君乎？」姑嘗兩而進之。誰以為二君，使其一君者執兼，使其一君者執別。是故別君之言曰：「吾惡能為吾萬民之身若為吾身？此泰非天下之情也。人之生乎地上之無幾何也，譬之猶駟馳而過隙也。」是故退睹其萬民，飢即不食，寒即不衣，疾病不侍養，死喪不葬埋。別君之言若此，行若此。兼君之言不然，行亦不然，曰：「吾聞為明君於天下者，必先萬民之身，後為其身，然後可以為明君於天下。」是故退睹其萬民，飢即食之，寒即衣之，疾病侍養之，死喪葬埋之。兼君之言若此，行若此。然即交若之二君者，言相非而行相反與？常使若二君者，言必信，行必果，使言行之合，猶合符節也，無言而不行也。然即敢問：今歲有癘疫，萬民多有勤苦凍餒，轉死溝壑中者，既已眾矣。不識將擇之二君者，將何從也？我以為當其於此也，天下無愚夫愚婦，雖非兼者，必從兼君是也。言而非兼，擇即取兼，即此言行拂也，不識天下所以皆聞兼而非之者，其故何也。

然而天下之士，非兼者之言也，猶未止也，曰：「兼即仁也，義也。雖然，豈可為哉？吾譬兼之不可為也，猶挈泰山以超江、河也。故兼者，直願之也，夫豈可為之物哉？」子墨子曰：「夫挈泰山以超江、河，自古之及今，生民而來未嘗有也。今若夫兼相愛、交相利，此自先聖六王者親行之。」何知先聖六王之親行之也？子墨子曰：「吾非與之並世同時，親聞其聲，見其色也。以其所書於竹帛，鏤於金石，琢於槃盂，傳遺後世子孫者知之。〈泰誓〉曰：『文王若日若月，作照，光於四方，於西土。』即此言文王之兼愛天下之博大也，譬之日月，兼照天下之無有私也即此文王兼也。」雖子墨子之所謂兼者，於文王取法焉！且不惟〈泰誓〉為然，雖〈禹誓〉即亦猶是也。禹曰：「濟濟有眾，咸聽朕言！非惟小子，敢行稱亂。蠢茲有苗，用天之罰。若予既率爾羣封諸君，以征有苗。」禹之徵有苗也，非以求以重富貴，干福祿，樂耳目也。以求興天下之利，除天下之害。即此禹兼也。雖子墨子之所謂兼者，於禹求焉。

且不惟〈禹誓〉為然，雖〈湯說〉即亦猶是也。湯曰：「惟予小子履，敢用玄牡，告於上天后後曰：『今天大旱，即當朕身履，未知得罪於上下有善不敢蔽，有罪不敢赦，簡在帝心。萬方有罪，即當朕身。朕身有罪，無及萬方。』」即此言湯貴為天子，富有天下，然且不憚以身為犧牲，以祠說於上帝鬼神，即此湯兼也。雖子墨子之所謂兼者，於湯取法焉。

且不惟〈誓命〉與〈湯說〉為然，《周詩》即亦猶是也。《周詩》曰：「王道蕩蕩，不偏不黨，王道平平，不黨不偏。其直若矢，其易若底。君子之所履，小人之所視。」若吾言非語道之謂也？古者文、武為正，均分賞賢罰暴，勿有親戚弟兄之所阿。即此文、武兼也。雖子墨子之所謂兼者，於文、武取法焉。不識天下之人，所以皆聞兼而非之者，其故何也。

然而天下之非兼者之言，猶未止。曰：「意不忠親之利，而害為孝乎？」子墨子曰：「姑嘗本原之孝子之為親度者。吾不識孝子之為親度者，亦欲人愛利其親與？意欲人之惡賊其親與？以說觀之，即欲人之愛利其親也。然即吾惡先從事即得此？若我先從事乎愛利人之親，然後人報我愛利吾親乎？意我先從事乎惡人之親，然後人報我以愛利吾親乎？即必吾先從事乎愛利人之親，然後人報我以愛利吾親也。然即之交孝子者，果不得已乎？毋先從事愛利人之親者與？意以天下之孝子為遇，而不足以為正乎？姑嘗本原之。先王之所書，〈大雅〉之所道，曰：『無言而不讎，無德而不報。投我以桃，報之以李。』即此言愛人者必見愛也，而惡人者必見惡也。不識天下之士，所以皆聞兼而非之者，其故何也。意以為難而不可為邪？嘗有難此而可為者。昔荊靈王好小腰，當靈王之身，荊國之士飯不踰乎一，固據而後興，扶垣而後行。故約食為其難為也，然後為而靈王說之，未踰於世而民可移也，即求以鄉其上也。昔者越王句踐好勇，教其士臣三年，以其知為未足以知之也。焚舟失火，鼓而進之。其士偃前列，伏水火而死，有不可勝數也。當此之時，不鼓而退也，越國之士可謂顫矣。故焚身為其難為也，然後為之，越王說之，未踰於世而民可移也，即求以鄉上也。昔者晉文公好苴服。當文公之時，晉國之士大布之衣，牂羊之裘，練帛之冠，且苴之屨，入見文公，出以踐之朝。故苴服為其難為也，然後為，而文公說之，未踰於世而民可移也，即求以鄉其上也。是故約食、焚舟、苴服，此天下之至難為也，然後為而上說之，未踰於世而民可移也，何故也？即求以鄉其上也。今若夫兼相愛、交相利，此其有利，且易為也，不可勝計也。我以為則無有上說之者而已矣。苟有上說之者，勸之以賞譽，威之以刑罰，我以為人之於就兼相愛、交相利也，譬之猶火之就上、水之就下也，不可防止於天下。」

故兼者，聖王之道也，王公大人之所以安也，萬民衣食之所以足也。故君子莫若審兼而務行之。為人君必惠，為人臣必忠，為人父必慈，為人子必孝，為人兄必友，為人弟必悌。故君子莫若欲為惠君、忠臣、慈父、孝子、友兄、悌弟，當若兼之不可不行也。此聖王之道，而萬民之大利也。

〈非攻上〉

今有一人，入人園圃，竊其桃李，眾聞則非之，上為政者得則罰之。此何也？以虧人自利也。至攘人犬豕雞豚者，其不義又甚入人園圃竊桃李。是何故也？以虧人愈多，其不仁茲甚，罪益厚。至入人欄廄，取人馬牛者，其不仁義又甚攘人犬豕雞豚。此何故也？以其虧人愈多。苟虧人愈多，其不仁茲甚，罪益厚。至殺不辜人也，扡其衣裘，取戈劍者，其不義又甚入人欄廄取人馬牛。此何故也？以其虧人愈多。苟虧人愈多，其不仁茲甚矣，罪益厚。當此，天下之君子皆知而非之，謂之不義。今至大為攻國，則弗知非，從而譽之，謂之義。此可謂知義與不義之別乎？

殺一人，謂之不義，必有一死罪矣，若以此說往，殺十人十重不義，必有十死罪矣；殺百人百重不義，必有百死罪矣。當此，天下之君子皆知而非之，謂之不義。今至大為不義攻國，則弗知非，從而譽之，謂之義，情不知其不義也，故書其言以遺後世。若知其不義也，夫奚說書其不義以遺後世哉？

今有人於此，少見黑曰黑，多見黑曰白，則必以此人不知白黑之辯矣；少嘗苦曰苦，多嘗苦曰甘，則必以此人為不知甘苦之辯矣。今小為非，則知而非之。大為非攻國，則不知非，從而譽之，謂之義。此可謂知義與不義之辯乎？是以知天下之君子也，辯義與不義之亂也。

〈三辯〉

程繁問於子墨子曰：「夫子曰『聖王不為樂』，昔諸侯倦於聽治，息於鐘鼓之樂；士大夫倦於聽治，息於竽瑟之樂；農夫春耕夏耘，秋斂冬藏，息於聆缶之樂。今夫子曰『聖王不為樂』，此譬之猶馬駕而不稅，弓張而不弛，無乃非有血氣者之所能至邪？」

子墨子曰：「昔者堯舜有茅茨者，且以為禮，且以為樂；湯放桀於大水，環天下自立以為王，事成功立，無大後患，因先王之樂，又自作樂，命曰〈護〉，又修〈九招〉；武王勝殷殺紂，環天下自立以為王，事成功立，無大後患，因先王之樂，又自作樂，命曰〈象〉；周成王因先王之樂，又自作樂，命曰〈騶虞〉。周成王之治天下也，不若武王；武王之治天下也，不若成湯；成湯之治天下也，不若堯舜。故其樂愈繁者，其治愈寡。自此觀之，樂非所以治天下也。」

程繁曰：「子曰『聖王無樂』，此亦樂已，若之何其謂聖王無樂也？」

子墨子曰：「聖王之命也，多寡之。食之利也，以知饑而食之者智也，因為無，智矣。今聖有樂而少，此亦無也。」

〈節用上〉

聖人為政一國，一國可倍也；大之為政天下，天下可倍也。其倍之，非外取地也，因其國家去其無用之費，足以倍之。聖王為政，其發令興事、使民用財也。無不加用而為者，是故用財不費，民德不勞，其興利多矣。

其為衣裘何？以為冬以圉寒，夏以圉暑。凡為衣裳之道，冬加溫、夏加清者芊䱇，不加者去之。其為宮室何？以為冬以圉風寒，夏以圉暑雨，有盜賊加固者芊䱇，不加者去之。其為甲盾五兵何？以為以圉寇亂盜賊。若有寇亂盜賊，有甲盾五兵者勝，無者不勝。是故聖人作為甲盾五兵加輕以利，堅而難折者芊䱇，不加者去之。其為舟車何？

以為車以行陵陸，舟以行川谷，以通四方之利。凡為舟車之道，加輕以利者芊鉏，不加者去之。凡其為此物也，無不加用而為者，是故用財不費，民德不勞，其興利多矣。有去大人之好聚珠玉、鳥獸、犬馬，以益衣裳、宮室、甲盾、五兵、舟車之數，於數倍乎！若則不難。故孰為難倍？唯人為難倍。

然人有可倍也。昔者聖王為法曰：「丈夫年二十，毋敢不處家。女子年十五，毋敢不事人。」此聖王之法也。聖王既沒，于民次也，其欲蚤處家者，有所二十年處家；其欲晚處家者，有所四十年處家。以其蚤與其晚相踐，後聖王之法十年，若純三年而字，子生可以二三年矣。此不惟使民蚤處家而可以倍與？且不然已。

今天下為政者，其所以寡人之道多。其使民勞，其籍斂厚，民財不足，凍餓死者不可勝數也。且大人惟毋興師以攻伐鄰國，久者終年，速者數月，男女久不相見，此所以寡人之道也。與居處不安，飲食不時，作疾病死者，有與侵就*橐、攻城野戰死者，不可勝數。此不令為政者所以寡人之道數術而起與？聖人為政，特無此，不聖人為政，其所以眾人之道亦數術而起與？故子墨子曰：「去無用之費，聖王之道，天下之大利也。」

中國傳統經典選讀5

庶民社會的主張 墨子

2014年3月初版　　定價：新臺幣200元
2020年7月初版第三刷

著者	楊照
叢書編輯	陳逸達
整體設計	江宜蔚

出版者	聯經出版事業股份有限公司
地址	新北市汐止區大同路一段369號1樓
台北聯經書房	台北市新生南路三段94號
電話	(02)23620308
台中分公司	台中市北區崇德路一段198號
暨門市電話	(04)22312023
郵政劃撥帳戶第	0100559-3號
郵撥電話	(02)23620308
印刷者	文聯彩色製版印刷有限公司
總經銷	聯合發行股份有限公司
發行所	新北市新店區寶橋路235巷6弄6號2F
電話	(02)29178022

副總編輯	陳逸華
總經理	陳芝宇
社長	羅國俊
發行人	林載爵

行政院新聞局出版事業登記證局版臺業字第0130號

本書如有缺頁，破損，倒裝請寄回台北聯經書房更換。　ISBN 978-957-08-4349-1 (平裝)
聯經網址 http://www.linkingbooks.com.tw
電子信箱 e-mail:linking@udngroup.com

國家圖書館出版品預行編目資料

庶民社會的主張 墨子 / 楊照著．
初版．新北市．聯經．2014.03．144面
13.5×21公分．(中國傳統經典選讀；5)
ISBN 978-957-08-4349-1（平裝）
[2020年7月初版第三刷]

1.(周)墨翟 2.墨子 3.學術思想 4.研究考訂

121.417　　103000981